꼭 알아야 할 하나님의 구원 역사 **이스라엘**
고난과 회복

오화평 지음

베드로서원

이스라엘 고난과 회복

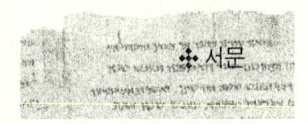 서문

하나님이 포기하지 않으신 이스라엘

이스라엘을 보면 역사를 주관하시는 하나님이 보이고, 결코 포기하지 않으시는 신실하신 하나님의 사랑이 느껴진다.

이스라엘의 시작

창세기 1장에서 11장까지는 하나님께서 천지를 창조하셨으며, 앞으로 인류의 역사가 어떻게 흘러갈지에 대한 샘플이 담겨있다. 그 핵심은 인간이 하나님을 참 왕으로 섬기면 축복이지만, 반대로 인간이 하나님이 되고자 하고 악을 행하면 저주라는 것이다. 에덴동산, 노아홍수, 바벨탑 사건이 그러한 것이다.

창세기 11장은 바벨탑의 흩어짐으로, 데라의 죽음으로 끝이 난다. 인류역사라는 영화의 결말로 얼마나 어울리는 장면인가? 흩어짐, 그리고 죽음… 이렇게 인류역사가 끝이 나도 인간은 할 말이 없다. 왜냐하면 인간 스스로 하나님의 통치를 거부하고 파멸과 죽음을 자초했기 때문이다.

그러나 하나님은 인류에게 새롭게 기회를 주신다. 그것이 창세기 12장 1절 아브라함을 시작으로 만들기 시작하시는 이스라엘이라는 나라이다. BC 2166년경이다. 그러면 왜 하나님께서는 이스라엘이라는 나라를 친히 만들기 시작하시는가? 그것은 이스라엘을 제사장 나라로 삼기 위함이었다. 즉 이스라엘이 모범적으로 하나님을 잘 섬기며 축복받는 것을 보고, 세상 다른 나라들도 하나님을 잘 섬기도록 하기 위함이었던 것이다.

이스라엘의 실패

그러나 이스라엘은 하나님의 기대에 부응하지 못한다. 불순종과 우상숭배 등으로 제사장 나라는 커녕, 에덴동산, 노아홍수, 바벨탑 사건과 같은 악을 되풀이 하고 만다.

나라를 만들고 사울, 다윗, 솔로몬 왕까지는 한 국가를 형성해서 그런 대로 잘 살았으나 솔로몬왕 이후 이스라엘은 우리나라가 남북으로 분열된 것처럼 북이스라엘과 남유다로 분열되고 만다. 그리고 바벨론 포로를 시작으로 이방의 지배를 받기 시작하며, 마침내 AD 70년에는 하나님께서 친히 만드신 이스라엘이 지구상에서 사라져 버리게 된다.

이스라엘을 향한 결론

아니, 하나님께서 세상 여러 나라의 모범이 되는 '제사장 나라'가 되라고 친히 만드신 나라가 없어지다니 이것을 어떻게 이해해야 하는가? 나라를 잃고 전 세계로 유리 방랑하는 이스라엘을 보면서 세상 다른 나라들은 고민에 빠지지 않을 수 없었다.

그리고 고민 끝에 혼란의 종지부를 찍는 결론을 내렸다. 그것은 이제 이스라엘이라는 나라는 하나님의 버림을 받아 끝이 났다는 것이다.

이스라엘을 향한 저주

이스라엘이 끝이 났다는 결론이 내려졌으니 그들은 가는 곳마다 조롱과 핍박을 받았다. 항상 압제와 노략을 당할 뿐이었다. 그리고 600만 학살까지 당하게 되었다.

교회도 예외는 아니었다. 이스라엘 국가는 하나님의 심판을 받아 망했으니 성경에 나오는 모든 저주의 말씀은 이스라엘이 받고, 이제는 교회가 영적 이스라엘이 되어서 모든 축복의 말씀은 교회가 받는다는 대체신학을 주장하게 되었다.

이스라엘을 향한 하나님의 마음

사람들은 하나님이 이스라엘을 끝냈다고 생각했다. 그래서 마음껏 저주했다. 그러나 하나님은 이스라엘을 손바닥에 새겼으며(사 49:16), 여인이 그 젖 먹는 자식을 잊을 수 없는 것처럼 이스라엘을 잊지 않고 계셨다(사 49:15).

이스라엘!! 아니, 하나님께서 어떻게 만드신 나라인가? 에덴동산, 노아홍수, 바벨탑 사건으로 끝냈어도 좋았을 세상 모든 인류를 구원하기 위한 축복의 통로로 만드신 나라가 이스라엘 아니던가? "땅의 모든 족속이 너로 말미암아 복을 얻을 것이라 하신지라"(창 12:3)

자식이 아무리 망나니 같은 짓을 할지라도 부모도 자식을 포기하지 않거든, 하물며 하나님이시리요! 이스라엘이 실수했다고 해서 끝내버리시는 분이 하나님이시라면, 우리 중 그 누가 살아남을 수 있겠는가?

그렇다고 하나님은 이스라엘만을 사랑하시지는 않는다. 교회만을 사랑하시는 것도 아니다. 하나님은 이스라엘과 교회가 '한 새 사람'이 되어서 둘이 서로 '한 성령' 안에서 화평하고 화목하기를 원하신다. 이것을 위해 예수님께서 우리의 화평이 되셔서 둘로 하나를 만드시고 원수된 것 곧 중간에 막힌 담을 자기 육체로 허셨던 것이다(엡 2:11~22).

이스라엘의 비밀

사람들은 이스라엘이 다 끝났다고 생각했으나, 하나님은 그들을 결코 포기하시 않으시고 오늘날과 같은 국가로 회복시키셨다. 하나님이 하신 것이다. "하나님이 그 미리 아신 자기 백성을 버리지 아니하셨나니…"(롬 11:2)

한편으로 하나님은 참 이해하기 어려운 분이시다. 다시 회복시키실 것이면 왜 그들을 흩으셨는가? 흩으시지 않고 그냥 그대로 두시지, 왜 1900년 동안 흩으셨다가 다시 모으셔야 했다는 말인가?

그러나 "이는 내 생각이 너희의 생각과 다르며 내 길은 너희의 길과 다름이 아니라 여호와의 말씀이니라 이는 하늘이 땅보다 높음 같이 내 길은

너희의 길보다 높으며 내 생각은 너희의 생각보다 높음이니라"(사 55:8~9)

우리는 도무지 이해할 수 없는 이스라엘을 흩으시고 다시 모으시는 그 방법이, 이스라엘을 그렇게도 멸시, 학대, 추방했고 멸절시키려 했던 이방인들을 구원하기 위한 하나님의 방법이었던 것이다. 다 알 수 없는 하나님의 깊은 속마음, 성경은 이것을 비밀(신비)이라고 말씀하고 있다(롬 11:25).

이스라엘의 회복

그 이스라엘이 회복되고 있다. 하나님께서 제사장 나라로 삼기 위해 친히 만드셨던 그 이스라엘, 나라를 잃고 전 세계로 흩어지자 완전히 끝났다고 생각했던 그 이스라엘이 기적적으로 회복되었다.

1948년에는 국가가 재건되었고, 1967년에는 성지중의 성지인 예루살렘이 요르단으로부터 탈환되었다. 그때부터 그렇게도 예수님 믿는 것을 거부했던 유대인들이 차츰 예수님을 믿기 시작했다. 육적으로도 영적으로도 회복되고 있는 것이다.

이스라엘의 회복이 비밀스럽게 진행되고 있는가? 그렇지 않다. 그들의 멸망소식이 온 땅에 퍼졌듯이, 그들의 회복소식 또한 온 땅에 퍼졌다. 그러나 멸망의 소리는 듣고 반유대주의 목소리는 높였으나, 회복의 소리는 들어도 듣지 못하고 보아도 보지 못하고 있는 것 아닌가?

이스라엘에 예수님을 찬양하는 예배가 회복되기를 소망하며…

필자는 중동 땅의 이스라엘에 대해 무지하고 무관심했다. 그래서 성경에 나오는 이스라엘을 현재의 이스라엘과 잘 연결 짓지 못했다.

이런 상황에서 신대원 재학 중 사복음서를 집중적으로 공부하며 예수님의 생애 시간순으로 사복음서 전체를 재편집 정리하여 보충 설명을 달고, 이해하기 쉽도록 지도도 넣어서 책으로 내려고 준비 중이었으나 하나님께서는, '성경에 이렇게도 많이 나오는 이스라엘, 예루살렘, 베들레헴, 갈릴리 등 어떻게 그 땅을 한 번도 다녀오지 않고 성경을 공부할 수 있느냐?' 며 강하게 말씀하셨다. 강력한 정도가 아니라 책망을 받는 심정이었다. 이런 일이 한 두 번이 아니었다.

그래서 결국 2007년 여름에 이스라엘을 다녀왔다. 당시 온누리교회는 일본 러브소나타 집회 중에서도 가장 큰 집회인 동경 러브소나타에 많은 성도들이 참가하는 분위기였다. 지금 일본을 가야지 이스라엘 갈 때냐는 이야기를 듣기도 했지만, 필자는 이스라엘을 가야만 했다.

이스라엘을 다녀온 후에는 다시 사복음서를 공부하려고 했으나, 왠지 그 땅의 역사에 대한 관심이 자꾸 생겼다. 역사를 공부하면 할수록 알게 된 것이, 우리가 살아가고 있는 동시대에 지구 한켠에 있는 저 이스라엘이 단순한 한 나라가 아니라는 것이다. 하나님이 친히 만드셨고 전 세계의 축복의 통로로 놀랍게 이끌어 가고 있는 나라라는 것이다.

또한 성경에 나오는 그 이스라엘이 지금 이 땅에 있는 그 이스라엘이라는 것을 보다 구체적으로 연결해서 보게 되었다. 만일 성경의 이스라엘과 오늘날 중동 땅의 이스라엘을 연관 지어서 성경을 보지 않거나, 이스라엘에 대해서 무관심하다면 성경을 보는 우리의 깊이는 얕을 수밖에 없을 것이다. 왜냐하면 성경은 일차적으로 이스라엘의 지리적, 역사적, 문화적 배경위에서 기록되었기 때문이다.

그리고 이스라엘이 나라를 잃고 2000년이 넘는 세월 동안 전 세계로 떠돌아 다녔지만, 하나님께서 그들을 포기하지 않으시고 독립시키셨다는 사실이다. 또한 영적으로도 온전하게 회복시켜 원래 이스라엘을 만드셨던 목적, 즉 하나님을 잘 섬기는 세상 여러 나라의 모범이 되는 제사장 나라의 역할을 충실히 감당하게 될 것이라는 확신이다.

마지막으로 이스라엘은 인류 역사가 어떻게 흘러가고 있는지를 보여주는 구원역사의 시계 역할을 한다는 것을 절감하게 되었다. 예수님이 재림하실 시기를 어떻게 알 수 있을까? 지진이 나고 쓰나미가 일어나고, 기후

온난화로 북극이 녹아내리고 해수면이 상승하는 등의 자연재해를 보면 알 수 있을까? 그것도 하나의 사인일 수 있을 것이다.

그러나 보다 근본적인 징조는 이스라엘의 상황변화이다. "무화과나무의 비유를 배우라 그 가지가 연하여지고 잎사귀를 내면 여름이 가까운 줄을 아나니 이와 같이 너희도 이 모든 일을 보거든 인자가 가까이 곧 문 앞에 이른 줄 알라"(마 24:32~33). 성경에서 이스라엘은 무화과나무로 비유되는데 그 무화과가 연하여지고 잎사귀를 내면, 즉 이스라엘이 독립을 하고 예수님을 믿기 시작하면 예수님이 가까이 곧 문 앞에 이른 줄 알라는 것이다.

'이스라엘은 세계선교를 위한 마지막 카드이며, 세계선교를 푸는 열쇠이며, 밑 빠진 컵에 물을 담기 위해서는 구멍을 막아야 하듯, 이스라엘 선교는 세계선교의 완성을 위해 핵심적 역할을 한다'는 등의 하용조 목사님의 로마서 강해설교는 이스라엘을 향한 필자의 비전을 언제나 새롭고 굳건하게 해주는 생명의 말씀이다.

필자의 이스라엘을 향한 신학적 입장은 성경적 관점에서, 특별히 언약신학적 관점에서 이스라엘의 회복이 하나님의 뜻이라는 부르심을 받은 사람이다. 동시에 필자는 이스라엘을 향한 세대주의자 등 다양한 신학적 해석이나 견해 또한 언제나 열린 마음으로 귀담아 듣고 배우고자 한다.

성경말씀과 이스라엘의 역사를 공부하는 동안 하나님께서 주신 마음들을 나누고자 이 책을 쓰게 되었다. 부족하나마 이 책을 통해 이스라엘의 역사를 이해하는데 도움이 되고 어떠한 상황에서도 결코 포기하지 않으시는 신실하신 하나님을 만날 수 있기를 바란다. 그리고 그 땅에 사도행전에 나오는 초대교회처럼 예수님을 찬양하는 예배가 회복되도록 이스라엘을 향한 선교적 부르심을 갖게 되기를 소망한다.

2009. 12
오화평

❖ 차례

1부 _ 하나님은 왜! 이스라엘을 만드셨는가?

하나님 나라와 세상 나라 … 14
하나님이 친히 만드신 세상 나라, '이스라엘' … 19
내 백성임의 표징 … 21
왜 이스라엘을 만드셨는가? … 22

2부 _ 이스라엘, 고난과 회복의 시간표

1장 구약시대
1과 바벨론(지금의 이라크 지역) 포로 … 31
2과 바사(지금의 이란 지역) 고레스 왕의 석방 … 34

2장 신구약 중간시대
1과 그리스 알렉산더 대왕의 지배(헬라화) … 41
2과 이집트 프톨레미 왕조의 지배 … 42
3과 바벨론 셀레우코스 왕조의 지배 … 44
4과 하스모니안 왕조(마카비 혁명으로 100년간 독립) … 45
5과 로마 지배 시작 … 49
분봉왕의 등장 / 총독의 등장 / 산헤드린공의회와 유대 분파의 등장

3장 신약시대 이후~1946년
1과 로마 지배 계속 … 59
제1차 유대인 반란 / 제2차 유대인 반란 / 누가 예수를 죽였는가?
반유대주의의 등장

2과 비잔틴 시대 … 79
　　　　기독교 로마 국교화 / 이방화 / 반유대주의의 심화 / 성지의 회복
　　3과 이슬람(페르시아) 지배 … 90
　　4과 십자군 지배 … 93
　　5과 이집트 맘루크 왕조 지배 … 96
　　6과 오스만 터키 제국 지배 … 98
　　　　이스라엘 회복의 시작 : 국민의 회복(알리야) / 유대국가 건국의 꿈 / Vision 2048 /
　　　　우간다 유대국가 건설안 / 히브리어의 회복
　　7과 영국 지배 … 118
　　　　벨푸어 선언 / 600만 유대인 학살

　4장 1947년 이후
　　1948년 이스라엘 건국 … 125
　　이스라엘 건국 : 땅 언약의 성취 … 131
　　사해사본 발견 … 132
　　네 번의 중동전쟁 … 135
　　평화를 위한 노력 … 145

3부 _ 이스라엘 묵상

　　1장 "하나님이 자기 백성을 버리셨느냐?" … 150
　　2장 "이스라엘 나라를 회복하심이 이때니이까?" … 161
　　3장 이스라엘을 향한 하나님의 마음 … 168
　　4장 베드로의 고민 / 우리의 고민 … 175
　　5장 이스라엘이 사도 … 181
　　6장 대체신학인가? 언약신학인가? … 187
　　7장 나도 이스라엘 … 198

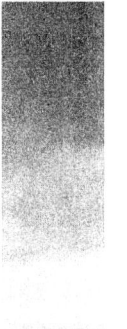

1부

하나님은
왜! 이스라엘을 만드셨는가?

✠ 하나님 나라와 세상 나라

우리가 살아가는 이 세상에는 두 개의 나라가 있다. 하나는 '하나님의 나라'이고 다른 하나는 '세상 나라'이다. 하나님께서는 창세기 1~11장에서 인류가 하나님 나라를 누리며 행복하게 살 수 있는 기회를 세 번 주신다.

그 첫 번째가 에덴동산이다. 인간은 에덴동산에서 하나님을 참 왕으로 모시고 생육하고 번성하며 잘 살면 된다. 그러나 아담과 하와가 범죄함으로써 인간은 스스로 하나님이 주시는 행복을 거부하고 하나님 나라가 아닌 세상 나라로 나오게 된다.

두 번째 하나님이 인류에게 주시는 기회는 셋 계열을 주신 것이다. 창세기 4장을 보면 에덴동산에서 쫓겨난 아담의 두 아들인 가인과 아벨의 이야기가 나온다. 가인은 하나님께서 그의 제물은 받지 않고 아벨의 제물만 받은 것에 몹시 분하여 결국은 동생 아벨을 죽여 버리고 만다. 그 결과 가인의 후손에게는 저주가 있을 것이라고 성경은 기록하고 있다.

따라서 만약 인간이 가인의 후손으로 대를 이어간다면 이 저주가 인간사에 지속되어 인간은 소망 없는 세상 나라의 삶을 살 수밖에 없다. 과연 인류역사는 가인과 같은 살인자의 계보로 이어질 것인가? 아니면 하나님이 예배를 받으신 아벨의 계보로 이어질 것인가? 하나님의 사랑은 다시 한 번 인류에게 기회를 주신다. 그것은 아벨을 대신한 다른 씨, 즉 '셋'을 주신 것이다. 그리고 셋도 에노스라는 아들을 낳는데, 이때에 사람들이 비로소 여호와의 이름을 불렀다고 성경은 기록하고 있다(창 4:26).

하나님은 저주받은 가인의 후손이 아닌 아담, 셋, 에노스라는 축복의 통로로서의 계보를 새롭게 주셨다. 이렇게 다시 한 번 기회를 얻은 인간은 이제 여호와의 이름을 부르며 하나님의 나라를 누리며 잘 살면 된다.

그러나 사람의 죄악은 다시 땅에 가득하게 되고, '세상 나라'의 대표자로 힘센 사람, 용사라고 일컬어지는 "네피림"(창 6:4)이 등장한다. 이들은 하나님을 알지 못하고 마음에 죄악이 가득할 뿐이고 모든 계획이 악할 뿐이다. 하나님은 이들을 보시고 땅 위에 사람 지으셨음을 한탄하시고 마음에 근심하신다. 그래서 홍수로 세상을 쓸어버리신다.

에덴동산을 통해, 그리고 셋 계열을 통해 하나님의 축복을 누리며 살 수 있는 기회를 두 번이나 주었건만 인간 스스로 하나님 없는 세상 나라를 또 선택한 것이다.

그러면 정말 여기서 '세상 나라'는 끝이 나는가? 아니, 생육하고 번성하라며 하나님의 형상대로 만드신 인류가 이렇게 없어지는가?

그렇지 않다. 하나님의 사랑은 하나님의 공의보다 크시다. 하나님은 이런 와중에서도 한 사람, 노아에게 은혜를 베푸신다. 세상 나라의 특징이 '힘'이라면, 하나님 나라의 특징은 '은혜'이다. "노아는 여호와께 은혜를 입었더라"(창 6:8)

이것이 하나님께서 세 번째로 인류에게 주시는 기회이다. "노아는 여호와께 은혜를 입었더라"(창 6:8) 노아를 통해 주신 은혜의 기회인 것이다. 따라서 노아를 통해 대홍수에서 살아남은 인간은 이젠 정말 하나님을 참 왕으로 잘 섬기며 살면 된다.

하지만 "니므롯"(창 10:8)이라는 하나님을 대적하는 세력이 또 등장한다. 대홍수 전에는 "네피림"(창 6:4)이 있었고, 대홍수 후에는 "니므롯"(창 10:8)이 나타난 것이다. 이들은 바벨탑을 하늘에 닿게 쌓아 우리 이름을 내고 온 지면에 흩어짐을 면하자며 기세등등하게 바벨탑을 쌓으나 아무리 높이 쌓는다고 한들, 하나님은 항상 그 위에 계시지 않는가? 하나님은 이들의 언어를 혼잡하게 하시고 그들을 온 지면에 흩어버리신다.

또 한 번 쓸어져 버린 세상 나라! 하나님은 에덴동산, 셋 계열, 노아를 통해 계속해서 인류를 향한 사랑의 손을 뻗으셨건만, 인간은 계속해서 하나님을 거부하고 세상 나라를 선택한다. 이정도 하셨으면 하나님도 하실 만큼 다 하신 것 아닌가? 하나님이 여기서 세상 나라의 끝을 내셔도 인간은 할 말이 없을 것이다.

과연 하나님은 어떻게 하실까? 심판으로 세상 나라를 끝내실까? 아니면 다시 한 번 세상 나라에 은혜의 기회를 주실까? 하나님은 마음이 약하신 것 같다. 아니, 하나님은 심판의 하나님이시기보다는 사랑이 더 크신 하나님이시다.

불순종하고 대들고 죄악이 넘치는 세상 나라지만, 하나님의 사랑은 다시 한 번 세상 나라를 품으신다. 새롭게 해보라며 은혜와 사랑으로 기회를 주신다. 이전에는 에덴동산, 셋 계열, 노아를 통해 구원의 기회를 주셨지만, 이번에는 새로운 방법인 한 '나라'를 통한 새로운 축복의 기회를 주신다.

◆ 인간을 위한 하나님의 축복의 기회와 인간의 반응, 그 결과 ◆

구분		하나님이 주신 기회	인간의 반응	결과
1차	창 1~11장	에덴동산	선악과 범죄	추방
2차		셋 계열	네피림(창 6:4) → 죄악 가득	홍수심판
3차		노아	니므롯(창 10:8) → 바벨탑	흩어짐
4차	창 12:1~	이스라엘		

그 나라가 바로 창세기 12장부터 시작되는 '이스라엘'이라는 나라이다. 에덴동산에서의 추방, 홍수심판, 바벨탑 사건으로 완전히 폐허가 된 세상 나라의 회복을 위한 축복의 통로로 이스라엘이라는 나라를 하나님이 직접 만들기 시작하시는 것이다.

"여호와께서 아브람에게 이르시되
너는 너의 고향과 친척과 아버지의 집을 떠나 내가 네게 보여 줄 땅으로 가라
내가 너로 큰 민족을 이루고 네게 복을 주어 네 이름을 창대하게 하리니
너는 복이 될지라 너를 축복하는 자에게는 내가 복을 내리고

너를 저주하는 자에게는 내가 저주하리니
땅의 모든 족속이 너로 말미암아 복을 얻을 것이라 하신지라" (창 12:1~3)

창세기 12장 1~3절의 말씀에는 아브라함 개인축복, 민족축복, 천하 만민 축복에 대한 약속의 말씀이 나온다. "땅의 모든 족속이 너로 말미암아 복을 얻을 것이라"

이 언약의 말씀에 기초하여 예수님의 십자가 보혈로 우리 이방인들도 하나님의 구원을 받을 수 있게 된 것이다. 성경은 결코 구약과 신약이 단절되지 않는다. 아브라함을 통해 구약에 약속된 세계선교가 신약에서 예수님의 십자가로 성취된 것이다. 그래서 언약밖에 있던 우리 이방인들도 예수님의 십자가 사랑으로 이스라엘에 접붙여지게 된 것이다. 접붙여졌다는 것은 원가지인 이스라엘이 버려지고 교회가 그 자리를 대신했다는 것이 아니라, 원가지인 이스라엘에 교회가 접붙여져 그들을 통해 뿌리의 진액을 받는 자가 되었다는 것이다(롬 11:17).

이런 의미에서 창세기 12장 1~3절 이전의 모든 말씀은 창세기 12장 1~3절을 향하고, 그 이후의 말씀들은 창세기 12장 1~3절의 성취를 나타내고 있는 것이다. 마태복음 28장 18~20절에 나오는 예수님의 세계선교 명령도 창세기 12장 1~3절의 언약에 기초하고 있는 것이다.

에덴동산, 셋 계열, 노아에 이어 인간이 하나님의 나라를 누리며 행복하게 잘 살 수 있도록 4번 타자로 주신 이스라엘! 과연 이 이스라엘은 잘 해나갈까? 홈런을 칠까? 그러나 기대와 달리 계속 헛스

웡이고 삼진이다. 심지어 전 세계로 흩어지며 선수 생명의 위기도 맞는다. 하지만 기적적으로 1948년에 다시 선수로 복귀했다. 이제 곧 하늘나라까지 닿는 대형 영적홈런을 칠 것이며, 전 세계라는 그 라운드를 돌며 예수님의 이름을 높일 것이다. 그리고 모든 세상 나라가 이스라엘을 통해 하나님 나라를 경험하게 될 것이다.

‡ 하나님이 친히 만드신 세상 나라, '이스라엘'

우리가 살아가고 있는 이 지구상에는 약 200여개의 나라가 있다. UN 가입국은 192개국이고, FIFA(국제축구연맹) 가입국은 204개국이다. 그리고 세계 기도 정보에는 237개의 나라가 나온다. 대략 200여개의 나라가 있다고 보면 될 것이다.

이 200여개의 세상 나라 중 이스라엘은 무작위로 선택된 하나의 나라가 아니라, 하나님께서 '친히 만드신' 나라라는 점에서 다른 나라들과는 근본적인 차이점이 있다. 그래서 하용조 목사님은 로마서 강해설교에서 이스라엘은 다른 한 나라와 일대일의 개념이 아닌, 전 세계 모든 나라 대 이스라엘이라고 강조한다. 우리가 이스라엘을 보는 관점은 그들이 오랜 세월 동안 고난을 받았기 때문이라는 단순한 연민의 정 때문이어서는 안 된다. 무엇보다 성경적인 관점, 영적인 관점을 가져야 한다.

그럼 하나님은 이스라엘을 어떻게 만드셨는가? 나라의 구성요소는 3가지가 있다. 국민, 주권, 영토이다. 하나님은 이스라엘을 요술

방망이를 이용해서 하루 만에 뚝딱 만드신 것이 아니라, 하나하나 순차적으로 고생(?)하시며 만드셨다.

먼저 국민을 만드신다. 아브라함이라는 한 사람을 부르셔서(창 12:1), 이삭과 야곱을 통해 국민을 만드신다. 창세기가 끝날 쯤에는 70명의 가족으로 불어나지만, 이 인구로 나라를 만들기에는 역부족이다. 하지만 이후 애굽(이집트)에서 400년을 종살이를 하는 동안 인구가 약 200만 명으로 불어난다.

다음으로, 주권(법)을 만드신다. 출애굽기와 레위기가 그러한 내용들로 되어있다. 출애굽 후 시내산에서 약 11개월을 머물며 하나님을 섬기는 법인 십계명과 율법을 받고, 하나님을 섬기는 규례인 성막과 제사법, 절기에 대한 말씀을 받는다.

마지막으로, 영토를 주신다. 여호수아가 가나안 땅을 정복함으로써 국민, 주권, 영토가 완성되어 온전한 한 나라로 살아갈 수 있도록 된 것이다. 이스라엘은 결코 신화 속의 나라가 아니다. 또한 성경 속에 나오는 나라로만 제한된 것이 아니라 우리가 살아가고 있는 이 역사 가운데 하나님께서 직접 만드신 나라이다.

유대인으로서 예수님을 영접하고 이스라엘에서 사역하는 키이스 인트레이터 목사님이 워싱턴에서 강연을 끝마치고 한 여학생으로부터 질문을 받았다고 한다. "어디사세요?" 목사님은 "예루살렘"이라고 대답했다. 그러자 그 여학생은 잠시 생각에 잠겼다가 말하기를 "예루살렘이라구요, 그게 땅 위에 있나요? 난 하늘에 있는 줄 알았는데…"라고 의아해 했다고 한다.

이스라엘을 하늘에 있는 먼 나라, 신화 같은 상상 속의 나라, 성경에만 나오는 성경 속의 나라로만 제한하고 오늘날 중동 땅에 있는 이스라엘을 성경에 나오는 이스라엘과 매칭시키지 못하고 있는 것은 아닌가?

✝ 내 백성임의 표징

하나님께서는 이스라엘이라는 한 나라를 만드시고 그들과의 사이에 표징을 두셨다. 때의 표시로써 안식일과 유월절, 오순절, 초막절과 같은 절기를 주셨고, 몸의 표시로는 할례를 주셨다. 그리고 음식의 표시로 정결규례를 통해 구별되도록 하셨고, 지리적인 표시로써 이스라엘 땅을 주셨다. 마지막으로 옷과 집의 표시로써 문설주에 붙이는 성경말씀인 메주자와 옷에 다는 실로 짠 술을 붙이게 하셔서 다른 민족과 구별되게 하셨다.

이러한 것들은 하나님과 이스라엘 백성 사이의 계약의 증거이자 표징인 것이다. 그래서 이들은 전 세계로 뿔뿔이 흩어지는 상황 속에서도 절기와 할례 등 토라의 말씀을 끝까지 지켰다. 그랬기 때문에 그들은 열방 가운데서도 항상 표가 났으며 다른 민족에 동화되지 않고 오늘날까지 존재할 수 있게 되었던 것이다.

그러나 하나님께서 주신 이러한 구별됨의 도구들로 인해 이스라엘 백성들은 구별됨의 대가를 받아야만 했다. 선택은 부러움의 대상이면서 동시에 미움의 타깃이 되었다. 도대체 왜 유대인들은 저렇게 하느냐! 택함 받은 백성이라고 우쭐되는 것인가? 스스로 경건

함을 드러내고 싶어서 저러는 것인가? 그것이 아니라 하나님께서 자기 백성에게 주신 표징이었고 기호였기 때문이다.

"이스라엘 자손이 안식일을 지켜서 그것으로 대대로 영원한 언약을 삼을 것이니 이는 나와 이스라엘 자손 사이에 영원한 표징이며"(출 31:16~17)

"이스라엘아 들으라 우리 하나님 여호와는 오직 유일한 여호와이시니 너는 마음을 다하고 뜻을 다하고 힘을 다하여 네 하나님 여호와를 사랑하라 오늘 내가 네게 명하는 이 말씀을 너는 마음에 새기고 네 자녀에게 부지런히 가르치며 집에 앉았을 때에든지 길을 갈 때에든지 누워 있을 때에든지 일어날 때에든지 이 말씀을 강론할 것이며 너는 또 그것을 네 손목에 매어 기호를 삼으며 네 미간에 붙여 표로 삼고 또 네 집 문설주와 바깥 문에 기록할지니라"(신 6:4~9)

‡ 왜 이스라엘을 만드셨는가?

그러면 하나님께서는 왜 이스라엘이라는 한 나라를 친히 만드시는가? 그것은 이스라엘이 세상 200여개의 나라 중에 하나님을 참 왕으로 섬기는 모범이 되는 나라, 즉 "제사장 나라"가 되게 하기 위함이었다("너희가 내게 대하여 제사장 나라가 되며 거룩한 백성이 되리라"〈출 19:6〉)

제사장은 예배자의 대표이다. 제사장 나라란 하나님을 참 왕으로 섬기고 예배하는 나라이다. 그러나 안타깝게도 이스라엘은 이러한 제사장 나라의 역할을 충실히 수행하지 못하고 불순종하고 우상을 섬기는 등 하나님의 뜻에 합당한 삶을 살지 못한다.

그러면 하나님은 이러한 이스라엘을 노아홍수처럼, 바벨탑처럼 지면에 쓸어버리실까? 결론적으로 그 나라가 오늘날 세계지도에 존재하고 있는 것을 보면 그렇지 않다는 것을 알 수 있다. 과연 그들은 어떤 고난과 회복을 거치고 지금 저렇게 존재하고 있는 것일까? 그리고 하나님께서 이스라엘을 만드신 목적, 즉 이 세상 200여개 나라의 모범이 되는 '제사장 나라'의 역할 감당은 어떻게 되는 것일까?

2000년간 지구상에 없던 이스라엘이 1948년에 독립하고, 요르단에 속해 있던 예루살렘이 1967년에 이스라엘로 회복된 이후 이스라엘에 예수님을 믿는 사람들이 늘어나고 있다. 구속사의 시계는 이제 이스라엘의 독립이라는 육적 회복의 시간을 지나, '제사장 나라'라는 영적 회복의 시간으로 흐르고 있다.

'제사장 나라'의 사명과 더불어 이스라엘을 만드신 또 하나의 이유는 천하 만민의 축복의 통로로 사용하시기 위함이다.

> "내가 네게(아브라함) 큰 복을 주고 네 씨가 크게 번성하여
> 하늘의 별과 같고 바닷가의 모래와 같게 하리니 네 씨가 그 대적의 성문을
> 차지하리라 또 네 씨로 말미암아 천하 만민이 복을 받으리니"(창 22:17~18)

이 말씀에는 세 가지의 축복이 나온다. 첫 번째는 개인축복이다.

"내가 네게 큰 복을 주고." 두 번째는 민족축복이다. "네 씨가 크게 번성하여 하늘의 별과 같고 바닷가의 모래와 같게 하리니." 세 번째는 세계축복이다. "네 씨로 말미암아 천하 만민이 복을 받으리니." 이러한 축복의 말씀은 오늘날도 변함없이 성취되고 있다. 하나님의 언약은 변함이 없고 신실하기 때문이다.

이 중 아브라함의 후손, 즉 육적 이스라엘에 대한 축복인 "네 씨가 크게 번성하여 하늘의 별과 같고 바닷가의 모래와 같게 하리니"의 말씀도 분명하게 성취되고 있다는 점이다. 결코 이 약속의 말씀이 영적 이스라엘인 교회에만 해당되는 것으로 대체되지 않았다는 것을 아는 것이 매우 중요하다.

하나님께서 아브라함에게 약속하신 이 언약의 말씀에 기초하여 예수님의 십자가의 공로로 인해 교회는 이스라엘 국가에 접붙여지게 된 것이지 결코 이스라엘을 대체하지 않았다.

2부

이스라엘, 고난과 회복의 시간표

◆ 이스라엘, 고난과 회복의 시간표 ◆

시대	아브라함에서 통일왕국까지		시간표	비고
구약시대	아브라함 출생		BC 2166년경	
	아브라함 가나안으로 이주		BC 2091년경	
	여호수아 가나안 정복 및 사사시대		BC 1406~1050년	
	왕국시대(사울, 다윗, 솔로몬)		BC 1050~931년	
	분열왕국시대	북왕국 이스라엘	BC 931~722년	
		남왕국 유다	BC 931~586년	
	이방 지배를 받은 역사		시간표	이방통치기간
신구약중간시대	바벨론(지금의 이라크 지역) 포로		약 70년(BC 605~538년) * BC 605년부터 포로로 잡혀가기 시작해서 BC 586년에 최종 멸망	약 434년
	바사(지금의 이란 지역)		약 200년(BC 538~333년)	
	그리스(헬라) 알렉산더 대왕		약 30년(BC 332~300년)	
	이집트 프톨레미 왕조		약 100년(BC 300~200년)	
	바벨론 셀레우코스 왕조		약 34년(BC 200~167년)	
	(하스모니안 왕조:100년간 독립)		약 100년(BC 166~63년)	
신약시대이후	로마(동로마 제국)		약 387년(BC 63~AD 324년)	약 2011년
	비잔틴(서로마 제국)		약 314년(AD 324~AD 638년)	
	이슬람(페르시아)		약 461년(AD 638~AD 1099년)	
	십자군		약 192년(AD 1099~AD 1291년)	
	이집트 맘루크 왕조		약 226년(AD 1291~AD 1517년)	
	오스만 터키 제국		약 400년(AD 1517~AD 1917년)	
	영국		약 31년(AD 1917~AD 1948년)	
	현재의 이스라엘로 독립		1948년 5월 14일	(합계 : 약 2445년)

✠ 이스라엘, 고난과 회복의 시간표

이스라엘 고난과 회복의 시간표! 한 마디로 복잡하다. 휴~하는 한숨이 나올 정도로. 고난과 회복의 시간표는 다른 말로 하면 '역사'이다. 사실 역사는 어렵다. 왜냐하면 과거의 사건이어서 익숙하지 않기 때문이다.

특별히 역사는 세 가지가 어렵다. 첫 번째는 연도가 헷갈리고 외워도 쉽게 잊어버린다. BC 몇 년 하는 것은 더더욱 그렇다. 두 번째는 지명이 낯설고 도대체 어디가 어딘지 감이 잘 오지 않는다. 그래서 그냥 '그런 곳이 있다 치고~' 대충 넘어가기도 한다. 세 번째는 사람 이름이 혼란스럽다. 어떤 것은 지명인지 사람 이름인지 헷갈릴 때도 있다.

그래서 우리는 종종 역사를 소홀히 대하는 경우가 있다. 하지만 자동차의 백미러를 봐야 앞으로 바르게 달릴 수 있는 것처럼, 역사를 봐야 미래로 나갈 수 있다. 역사는 백미러와 같기 때문이다. 세계 역사의 중심은 구속사(구원+역사)이고, 그 구속사의 중심에는 이스라엘의 역사가 있다. 이스라엘 역사의 핵심은 예수 그리스도이다. 그래서 History(역사)는 His Story, 즉 예수님의 이야기인 것이다.

왜 역사를 알아야 하는가? 그것은 하나님께서 하늘 우편에 앉으셔서 인류를 구원하신 것이 아니라, 친히 예수님을 인류 역사 가운데 보내서서 우리를 구원하셨고 또한 장차 예수님께서 다시 이 역사 가운데로 오실 것이기 때문이다.

자, 앞의 표에서 굵은 글자로 써놓은 '**이방 지배를 받은 역사**'의 나라들을 외워보자. 이것이 이스라엘 고난과 회복 시간표의 맥이다. 각각의 연도는 다 못 외우더라도 이것만 알아도 이스라엘 역사를 이해하는데 많은 도움이 된다.

바벨론→**바사**→**그리스**(헬라) 알렉산더 대왕→이집트 프톨레미 왕조→바벨론 셀레우코스 왕조→**하스모니안** 왕조(100년간 독립)→**로마**→**비잔틴**(기독교 부흥기)→**이슬람**(페르시아)→**십자군**→맘루크 왕조→**오스만** 터키 제국→**영국**

그런데 이 나라들을 어떻게 외운다는 말인가? 이것을 외우기 위해 지어낸 이야기를 하나 하면, '멋진 조경용 돌이 있었는데 그 돌은 너무나 비쌌다. 그래서 어떤 사람이 이 돌을 싸게 사려고 많은 돈을 주고 로비를 했다. 하지만 나중에 똑같은 돌을 세일을 하는데 이십만 원이면 살 수 있는 것이었다. 그러자 옆에 있던 친구가 놀리며 이렇게 말하는 것이었다. 봐(바)/봐(바), 그/돌(톨)/세일(셀)하는구나, 하~ 그런데 쓸데없이 싸게 사려고 로/비를 했어? 로비를 하지 않고도 이/십/만(맘) 원이면 OK(오,영)인데…'

다시 정리하면 다음과 같다.

-바, 바, 그, 톨, 셀 ⇒ 봐(바), 봐(바), (아주 비싼) 그, 돌(톨). 세일(셀)하는구나

-하, 로, 비 ⇒ 하~ (쓸데없이 싸게 사려고) 로, 비를 했어?

-이, 십, 맘, 오, 영 ⇒ (로비하지 않고도) 이, 십, 만(맘) 원이면 OK(오,영)인데.

이스라엘의 고난과 시간표를 알면, 하나님께서 성경을 통해 말씀하신 내용들이 이 세상 속에서 어떻게 성취되어 가는지를 생생하게 알 수 있을 뿐만 아니라, 성경을 이해하는데도 많은 도움이 된다.

지금부터 크게 구약시대, 신구약 중간시대, 신약시대 이후로 나누어 핵심적인 내용만 최대한 쉽고 간략하게 설명하고자 한다.

자, '바/바/그/톨/셀, 하~/로/비, 이/십/맘/오/영'을 다시 한 번 외우고, 잠시 머리도 식히고 본격적으로 이스라엘의 고난과 회복의 시간표 속으로 들어가 보자.

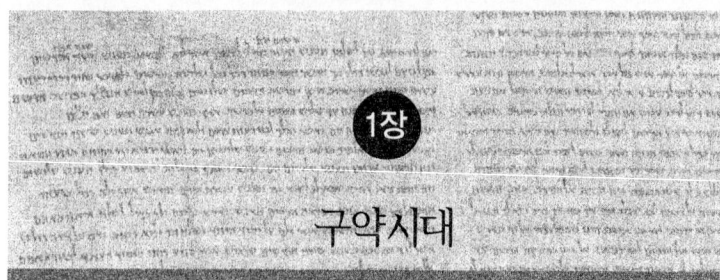

1장
구약시대

구약시대에 하나님이 친히 세우신 이스라엘은 사울, 다윗, 솔로몬 왕의 통치를 받으며 통일왕국으로 나름대로 잘 살아간다. 그러나 솔로몬 왕이 죽은 이후 우리나라가 남북으로 분열된 것처럼 이스라엘도 북방 이스라엘과 남방 유다로 분열된다.

◆ 구약시대, 이스라엘 고난과 회복의 시간표 ◆

시대	아브라함에서 통일왕국까지		시간표	비고
구약시대	아브라함 출생		BC 2166년경	
	아브라함 가나안으로 이주		BC 2091년경	
	여호수아 가나안 정복 및 사사시대		BC 1406~1050년	
	왕국시대(사울, 다윗, 솔로몬)		BC 1050~931년	
	분열왕국시대	북왕국 이스라엘	BC 931~722년	
		남왕국 유다	BC 931~586년	
	이방 지배를 받은 역사		시간표	
	바벨론(지금의 이라크 지역) 포로		약 70년(BC 605~538년)	* BC 605년부터 포로로 잡혀가기 시작해서 BC 586년에 최종 멸망
신구약 중간 시대	바사(지금의 이란 지역)		약 200년(BC 538~333년)	
	⋮		⋮	

1과 _ 바벨론(지금의 이라크 지역) 포로

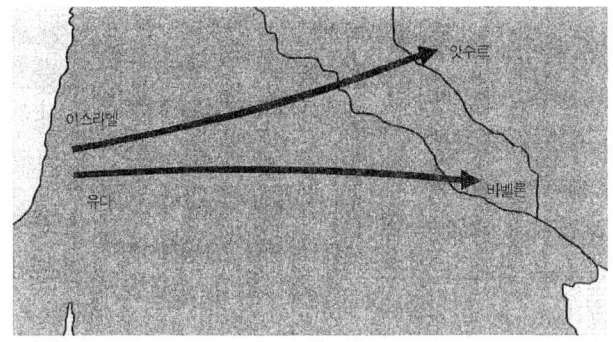

북쪽의 이스라엘이 먼저 BC 722년에 앗수르에 멸망하고, 다음으로 남쪽의 유다도 BC 586년에 바벨론(지금의 이라크 지역)에 의해 포로로 잡혀감으로써 결국 멸망하게 된다.

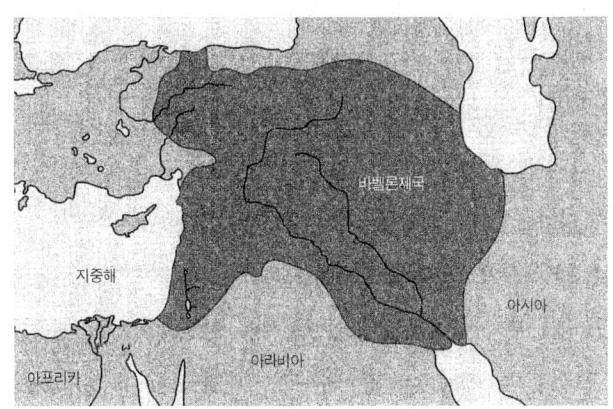

〈바벨론 제국 통치 영역〉

바벨론은 다음과 같이 세 차례에 걸쳐 이스라엘 백성들을 포로로 잡아간다. 다니엘, 에스겔 등과 같은 똑똑한 사람을 먼저 잡아가는 것을 볼 수 있다.

구분	연도	사건
바벨론 1차 포로	BC 605년	- 다니엘 등이 포로로 잡혀감
바벨론 2차 포로	BC 602~597년	- 에스겔 등이 포로로 잡혀감
바벨론 3차 포로	BC 597~586년	- 남은 자들이 포로 잡혀가고 최종 멸망 - 예루살렘 성전 파괴

바벨론 포로에서 보아야 할 것이 2가지가 있다. 하나는 포로로 잡혀간 이스라엘 백성들의 마음이고, 또 하나는 예루살렘 성전의 파괴이다.

먼저 바벨론 포로로 잡혀간 이스라엘 백성들의 마음은 어떠했을까? 비통하고 슬픈 심정이다. 그것을 잘 나타내는 것이 예레미야애가이다. 예레미야애가는 총 5장으로 되어 있는데 1장, 2장, 4장이 모두 '슬프다'로 시작한다.

"슬프다 이 성이여 전에는 사람들이 많더니 이제는 어찌 그리 적막하게 앉았는고 전에는 열국 중에 크던 자가 이제는 과부같이 되었고 전에는 열방 중에 공주였던 자가 이제는 강제 노동을 하는 자가 되었도다."(애 1:1)
"슬프다 주께서 어찌 그리 진노하사 딸 시온을 구름으로 덮으셨는가 이스라엘의 아름다움을 하늘에서 던지셨음이여 그의 진노의 날에 그의 발판('성전'을 말함-편집자 주)을

기억하지 아니하셨도다."(애 2:1)
"슬프다 어찌 그리 금이 빛을 잃고 순금이 변질하였으며 성소의 돌들이 거리 어귀마다 쏟아졌는고…"(애 4:1)

또한 그들은 늘 시온을 향한 그리움에 사로잡혀 탄식했다. "우리가 바벨론의 여러 강변 거기에 앉아서 시온을 기억하며 울었도다"(시 137:1).

다음으로 예루살렘 성전의 파괴이다. 성전은 하나님의 임재를 경험하는 장소이다. 이집트(애굽) 포로에서 나와 광야생활을 하며 성막을 통해 하나님을 만났던 그들은 예루살렘 성전에서 하나님을 예배하고 만났다. 그러나 이제 그 성전이 무너진 것이다. 이것은 그들이 우상을 섬기고 하나님의 통치를 거부했기 때문이다. 하지만 그들은 성전을 사모하는 마음을 시편에서 이렇게 고백하고 있다. "주의 궁정에서의 한 날이 다른 곳에서의 천 날보다 나은즉 악인의 장막에 사는 것보다 내 하나님의 성전 문지기로 있는 것이 좋사오니"(시 84:10)

성전의 중요성은 바벨론 포로생활 '70년'을 계산하는 데서도 알 수 있다. 바벨론 포로 70년은 언제부터 언제까지를 말하는 것일까? 이스라엘 백성들이 1차로 바벨론 포로로 잡혀갔던 BC 605년부터 1차 귀환을 시작한 BC 538년을 빼면 67년이 나온다. '70년'과 3년의 차이가 있는 것을 알 수 있다. 그러나 유대인들은 바벨론 포로 70년을 이렇게 계산하지 않고, BC 586년에 예루살렘 성전이 함락된 때로부터 BC 516년에 성전을 재건한 때까지를 기준으로 해서 바벨론 포로 '70년'을 계산한다. 즉, 바벨론 포로 '70년'을 1

차 포로(BC 605년)와 귀환(BC 538년)을 기준으로 삼는 것이 아니라, 성전이 무너지고(BC 586년) 재건(BC 516년)한 시기를 기준으로 삼는 것이다. 그만큼 그들의 삶의 중심에는 성전이 있음을 알 수 있다.

그래서 그들은 바벨론 포로생활 중에도 예루살렘으로 돌아가 성전을 재건할 꿈을 잃지 않았고 하나님께 긍휼을 구하는 기도를 드렸다. "여호와여 우리를 주께로 돌이키소서 그리하시면 우리가 주께로 돌아가겠사오니 우리의 날들을 다시 새롭게 하사 옛적 같게 하옵소서"(애 5:21)

2과 _ 바사(지금의 이란 지역) 고레스 왕의 석방

이후 이스라엘을 지배하던 바벨론은 바사(페르시아, 지금의 이란 지역)에 의해 정복을 당하게 되며, 따라서 이스라엘도 바사의 지배를 받게 된다. 포로생활 중 이스라엘 백성들의 회개하고 애통하며 긍휼을 간구하는 기도를 들으신 하나님은 바사 고레스 왕의 마음을 움

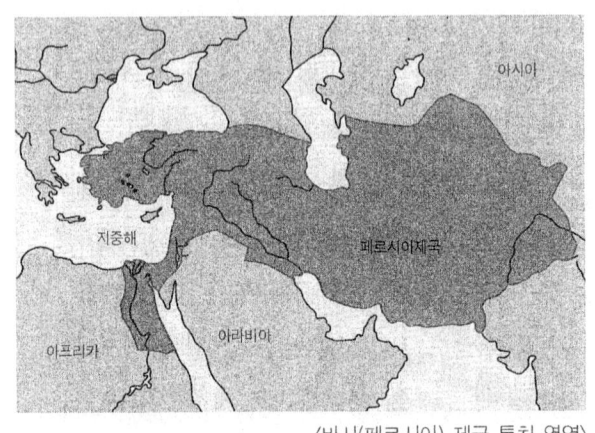

〈바사(페르시아) 제국 통치 영역〉

직이셔서 이스라엘 백성들을 풀어주도록 하신다.

3차에 걸쳐 바벨론 포로로 잡혀갔던 이스라엘 백성들은 약 70년간(BC 605~538년)의 포로생활을 끝내고 3차에 걸쳐 포로에서 귀환하게 된다.

구분	연도	사건
1차 귀환	BC 538년	- 스룹바벨, 예수아 귀환 : 성전 재건 시작 - 학개, 스가랴 귀환 : 성전 재건 독려와 재건(BC 516년)
2차 귀환	BC 458년	- 에스라 귀환 : 학자겸 제사장으로서 율법준수 위해 노력 - 에스라 때 오늘날 유대교가 시작됨
3차 귀환	BC 445년	- 느헤미야 등 귀환 : 예루살렘 성벽 재건

바벨론 포로생활 중 바벨론 강변에 앉아 무너진 예루살렘 성전을 사모하며, 시온을 그리워하며 눈물을 흘렸던 그들. 이제 그들이 고향으로 돌아가게 된 것이다. 포로에서 풀려나 시온으로 돌아가는 그들의 마음이 어떠했을까? 시편 기자는 그 감격을 이렇게 노래하고 있다.

"여호와께서 시온의 포로를 돌려보내실 때에 우리는 꿈꾸는 것 같았도다. 그 때에 우리 입에는 웃음이 가득하고 우리 혀에는 찬양이 찼었도다. 그 때에 뭇 나라 가운데에서 말하기를 여호와께서 그들을 위하여 큰일을 행하셨다 하였도다. 여호와께서 우리를 위하여 큰일을 행하셨으니 우리는 기쁘도다"(시 126:1~3)

하나님께서는 1차로 귀환한 스룹바벨에게 성전의 기초를 놓고 재건할 것이라는 사명을 주신다. "여호와께서 스룹바벨에게 하신 말씀이 이러하니라 만군의 여호와께서 말씀하시되 이는 힘으로 되지 아니하며 능력으로 되지 아니하고 오직 나의 영으로 되느니라. 스룹바벨의 손이 이 성전의 기초를 놓았은즉 그의 손이 또한 그 일을 마치리라"(슥 4:6,9)

그러나 사마리아 사람들이 예루살렘 성전이 건축된다는 사실을 알고 자기들도 동참케 해달라고 하나, 유대 백성들은 바벨론 포로 이후 혼혈이 된 그들을 참여시키지 않는다. 그러자 사마리아 사람들은 성전건축을 방해한다. 이러한 영향으로 인해 나태해진 이스라엘 백성들은 자신들의 일을 돌보는데 빠지게 되어 성전건축의 기초만 놓은 채 오랫동안 방치하게 된다.

그러자 하나님께서는 학개와 스가랴를 통해 성전 재건을 독려하신다. "성전은 무너진 채로 있는데 너희만 꾸며진 집에 살고 있을 때냐? 산에 올라가 나무를 가져다 성전을 지으라 내가 그 안에서 기뻐하며 그것으로 영광을 받을 것이다"(학 1:4,8/우리말 성경) 이렇게 해서 BC 516년에 예루살렘 성전이 재건된다.

예루살렘 성전

이스라엘의 구약역사에 있어서 중요한 것은 '성막'과 '성전'이다. 하나님께서는 시내산에서 이스라엘 백성들에게 성막을 짓게 하셨고 그 가운데 임하셨다. 그리고 솔로몬 왕은 BC 960년에 '예루살렘 성전'을 건축한다(제1성전시대라고 함, BC 960~586년). 이스라엘 백성들이 하나님을 만나는 장소가 성전이었다.

그러나 BC 586년 바벨론에 의해 나라가 망하면서 예루살렘 성전도 무너지게 된다. 이스라엘 백성들이 하나님을 만나는 장소를 잃어버리게 된 것이다. 그들은 "주의 궁정에서의 한 날이 다른 곳에서의 천 날보다 나은즉 악인의 장막에 사는 것보다 내 하나님의 성전 문지기로 있는 것이 좋사오니"(시 84:10)라고 고백할 만큼 성전을 사모했다.

바벨론 포로로 잡혀가서 "우리가 바벨론의 여러 강변 거기에 앉아서 시온을 기억하며 울며"(시 137:1) 보냈던 그들은 포로에서 돌아오자마자 무너졌던 성전을 재건하고(BC 516년, 제2성전시대라고 함, BC 516~AD 70년) 하나님을 열심히 섬긴다. 이 시기에 오늘날의 유대교가 시작된 것으로 본다.

그러나 포로에서 돌아온 그들이 건축한 성전은 솔로몬이 지은

〈아브라함이 이삭을 바치려고 했던 곳이자 솔로몬 성전이 있던 그 자리에 지금은 이슬람 사원이 늘어서 있다.〉

37

화려한 성전에 비할 바가 못 되었다. 그래서 BC 20년경에 헤롯 왕이 이스라엘 백성들에게 잘 보이기 위해 민심 무마용으로 이 성전을 증축해 주지만, 이스라엘 백성들은 성전을 장사하는 집과 강도의 소굴로 전락시키고 만다.

이것을 본 예수님은 성전을 청결하게 하시고, "돌 하나도 돌 위에 남지 않고 다 무너뜨려지리라"(막 13:2)고 말씀하시는데, 예수님의 예언대로 예루살렘 성전은 AD 70년에 로마에 의해 훼파되었으며 지금은 이슬람 사원이 들어서 있다.

오늘날 일부 유대인들은 이슬람 사원을 헐고 그곳에 성전을 재건하겠다고 한다. 설계도도 만들어 두었고 필요한 재정도 모았다고 한다. 하지만 성전 재건을 시도하면 이슬람교도(무슬림)들이 가만 있겠는가? 그럴 경우 제3차 세계대전이 일어날 것이라고 많은 사람이 예상하고 있다.

유대인을 사이에서도 사람들이 성전을 건축할 것이라는 의견과 하늘로부터 성전이 미리 지어져 내려올 것이라는 의견이 대립한다. 결국 그들은 유대인이 바닥과 벽을 건축하고 지붕만 하나님이 하늘로부터 덮어주실 것이라는 결론을 내렸다고 한다. 유대인으로서 예수님을 믿고 묵시기 되어 이스라엘에서 사역하는 키이스 인트레이터 목사님은 예수님 재림 이전에 제3성전이 건축될 것으로 예상하며, 성전이 다시 지어지려면 성전산에 아주 급진적인 변화가 있을 것으로 본다.

이스라엘 역사에 있어서 중요한 흐름중의 하나가 '성전'이다. 앞으로 보게 될 신구약 중간시대, 신약 이후 시대, 예수님 재림까지 관련해서 '성전'은 이슈 중의 이슈이다. 성전 역사가 어떻게 흘러가는지 그 흐름을 잘 따라 가보자.

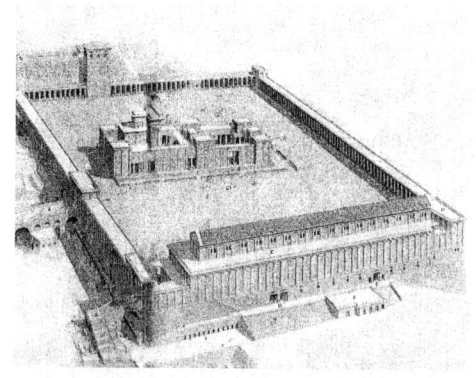

성전 : 예루살렘 성전이 유일했으며, 예배와 희생제사를 드리는 장소였음.

회당 : 유대인이 열 가족만 살면 어디서나 회당을 세워야 한다는 율법에 따라 모든 도시와 마을마다 존재 했으며, 주로 교육적 시설로 대중적인 종교대학 기능을 수행했음(기도, 하나님의 말씀 낭독/해설, 예배와 희생제사는 없음).

2장 신구약 중간시대

신구약 중간시대란 언제를 말하는 것일까? 말 그대로 구약과 신약 사이의 시대를 말한다. 구약성경은 BC 430년경 말라기로 끝이 난다. 그리고 신약이 시작하기까지 그 사이에는 약 430년의 세월이 흐른다. 구약과 신약성경은 종이 한 장 차이지만, 그 사이에는 약 430년의 세월이 흐르는 것이다. 이 시기를 암흑시대나 침묵시대라고 부르기도 한다. 그 이유는 이사야나 에스겔 등과 같은 선지자를 통해 하나님의 특별한 말씀이 임하지 않은 시기이기 때문이다.

신구약 중간시대는 세 부분으로 구분할 수 있다. 첫 번째는 그리스(그리스어로 '헬라', 한자로는 '희랍') 통치 시대, 이집트 프톨레미 왕조, 바벨론 셀레우코스 왕조 시대가 한 묶음이다. 두 번째는 하스모니안 왕조 시대, 세 번째는 로마 지배 시작이 그것이다.

프톨레미 왕조와 셀레우코스 왕조는 알렉산더의 부하들이기 때문에 하나로 묶고, 하스모니안 왕조는 셀레우코스 왕조에 대항해 독립한 이스라엘 백성들이기 때문에 별도로 구분한다. 그리고 로마는 새로운 이방 지배 시작이기 때문에 전혀 다른 것이다.

1과 _ 그리스 알렉산더 대왕 지배(헬라화 시작)

신구약 중간시대의 가장 큰 특징은 '헬라화'라는 것이다. 이스라엘은 구약에서 바벨론과 바사의 지배를 받았다. 그리고 신구약 중간시대에 접어들어서는 바사의 지배를 계속 받다가 BC 332년경부터는 그리스(헬라)의 지배를 받게 된다.

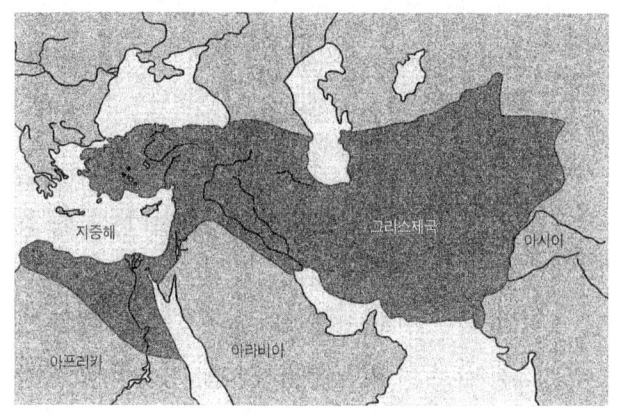

〈그리스 제국 통치 영역〉

나라만 바뀌었을 뿐 여전히 다른 나라의 지배를 받는 것은 똑같다. 그러나 이스라엘을 지배하게 된 그리스의 알렉산더 대왕은 '헬라화'라는 문화를 이스라엘에 심기 시작한다. 구약시대의 바벨론, 바사는 단순히 군사적·정치적으로만 지배했으나, 알렉산더 대왕은 군사적·정치직 지배뿐만 아니라 문화적·사상적으로 이스라엘을 지배하고자 했다.

헬라화(헬레니즘)란, 하나님 중심의 히브리즘 문화와 반대되는 것으로 세상중심의 문화를 말한다. 알렉산더는 세상 학문과 문화, 철학의 대가였던 아리스토텔레스의 제자로 일찍이 세상문화에 눈을 뜨고, 온 세상을 '헬라화' 시켜야겠다는 꿈을 가졌다.

다시 말하면, 헬라화란 과거에 일본이 우리나라를 지배할 때 일본옷을 입게하고 일본말과 노래를 가르치고 일본 이름으로 바꾸도록 한 것 등과 같은 맥락이다.

히브리즘은 하나님 중심, 관계 중심, 체험 중심적이다. 반면에 헬레니즘은 인본주의적이고 나(개체)중심적, 이성과 논리 중심적이다. 그리고 헬레니즘은 영의 문제를 거부하고 사람의 육체를 강조한다. 그래서 누가 높이 뛰고, 멀리 뛰고, 빨리 뛰는가 하는 올림픽이 그리스에서 시작된 것이다. 그리고 신을 의인화해서 신들이 사람처럼 연애를 하기도 한다.

오늘날 우리의 많은 사고는 헬레니즘의 영향을 받았다. 헬레니즘이냐! 히브리즘이냐! 이 싸움이 다름 아닌 영적전쟁인 것이다.

2과 _ 이집트 프톨레미 왕조의 지배

넓은 대륙을 차지한 알렉산더는 뜻하지 않게 열병에 걸려 33세라는 젊은 나이에 죽고 만다. 그러자 알렉산더의 부하 4명이 알렉산더가 차지했던 엄청난 땅들을 나누어서 지배하게 되는데, 그 중 큰 권력을 가진 두 사람이 프톨레미와 셀레우코스이다.

먼저 이집트 지역을 다스리던 프톨레미가 이스라엘을 약 100년간 지배한다. 다행히도 프톨레미 왕조는 이스라엘을 호의적으로 대한다. 그리고 알렉산더 대왕을 기념하기 위해 이집트 위쪽 지중해 근처에 알렉산드리아라는 도시를 개발하고 수도로 삼는다. '아볼로'(행 18:24)가 이곳 출신이며, 유대인 디아스포라('흩어짐'이라는 뜻) 약 100만 명이 이곳에 살았다.

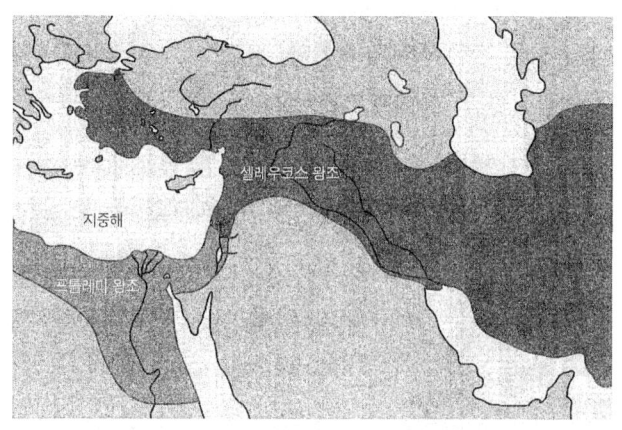

〈프톨레미 왕조/셀레우코스 왕조 통치 영역〉

BC 280년경에 프톨레미 2세는 히브리어 성경을 당시 공용어인 헬라어로 번역하도록 했다. 알렉산더가 어마어마한 대륙을 차지해 '헬라화'를 심었기 때문에 그리스(헬라)어가 일상적인 언어가 된 것이다. 헬라어 성경의 등장으로 이방인들도 성경을 읽을 수 있게 되었으며 복음 전파에 큰 도움이 되었다.

이 헬라어 번역 성경은 최초로 번역된 성경이며, 유대인 디아스포라 72명이(각지파별로 6명 x 12지파) 번역했다고 해서 '칠십인경'이라고 부른다.

3과 _ 바벨론 셀레우코스 왕조의 지배

알렉산더의 다른 부하로 바벨론 지역을 다스리던 셀레우코스 왕조가 이스라엘을 지배하던 프톨레미 왕조를 공격하고 새로운 이스라엘 땅의 주인이 된다.

셀레우코스 왕조의 안티오쿠스 4세는 프톨레미 왕조와는 달리 이스라엘 백성들을 잔혹하게 핍박한다. 참고로 '안디옥교회' 등 '안디옥'이 나오는 이름은 '안티오쿠스' 가문의 이름이다.

왜 그랬을까? 안티오쿠스 4세는 당시 서서히 확장되어 오던 로마의 공격을 받게 되었고, 마침내 막대한 조공을 바치게 되었다. 그러자 안티오쿠스 4세는 돈을 확보하기 위해 이스라엘 백성들로부터 많은 세금을 뜯어 갈뿐만 아니라, 돈이 되는 것은 다 갈취해 갔다. 그리고 이스라엘을 강력하게 장악하기 위해 프톨레미 왕조 때에는 잠잠했던 그리스(헬라)문화를 강요하기 시작하다.

안티오쿠스 4세(동상의 일부)

그래서 안티오쿠스 4세는 이스라엘 백성들에게 그리스(헬라) 신화에 나오는 신들을 섬기게 한다. 그리고 자신의 이름을 '에피파네스'('신의 나타나심'이라는 뜻)라 부르게 하고 자신을 신격화한다.

나아가 BC 167년에는 예루살렘 성전 안의 금, 은 등의 보물을 약탈해 가고, 성전 안에는 제우스신의 제단을 세워 숭배하도록 한다. 또한 제단에는 유대인들이 금기시하는 돼지를 죽여 제물로 바쳐 절을 하도록 강요한다.

뿐만 아니라 유대교의 모든 관습 금지, 안식일과 절기 준수 금지, 율법 사본 파기, 할례 금지 등 유대교를 박해하는 강력한 조치를 취한다. 이러한 신성모독과 성전모독에 유대인들은 도저히 참을 수가 없었다.

4과 _ 하스모니안 왕조(마카비 혁명으로 100년간 독립)

이런 치욕적인 종교탄압에 맞서 제사장 가문에 속한 맛다디라는 사람이 그의 아들들과 함께 용감하게 투쟁을 해 승리를 하게 되는데, 이 혁명을 '마카비 혁명'이라고 한다. '마카비'란 맛다디의 셋째아들 유다의 별명으로 '쇠망치'라는 뜻이다.

마카비 혁명이 일어난 곳은 예루살렘 북서쪽에 있는 '모딘(Modin)'이라는 지역이다. 이스라엘 온 나라가 헬라화로 세속화되어 갈 때 이곳에도 안티오쿠스 관리가 파견되어 맛다디에게 이방신에게 제사할 것을 강요하지만 맛다디는 이를 단호히 거부한다.

그러나 죽음을 두려워한 한 동족 유대인이 이방신의 제단으로 나아가자 맛다디는 이에 격분해 배교한 유대인과 안티오쿠스 관리를 죽이고, 이방신의 제단을 헐어버린 후 산으로 도망을 한다. 그리고 그곳에서 세속적인 헬라문화에 맞서 생명과 율법을 지키려는 유대인들과 힘을 합세하여 안티오쿠스 세력에 대항해 승리를 하게 된다.

이 승리는 이미 구약에 예언되었던 하나님의 약속의 성취이며 하나님의 구원하심이 나타난 사건이다. "시온아 내가 네 자식들을 일으켜 헬라 자식들을 치게 하며 너를 용사의 칼과 같게 하리라"(슥 9:13)

이처럼 이스라엘 땅에 헬라문화가 침투해 올 때 거기에 쉽게 동화되는 사람들도 있었으나 끝까지 경건과 충절을 지킨 사람들도 있었다. 이들을 가리켜 '하시딤(Hasidim, 히브리어로 '경건'을 의미하며 영적 각성운동을 일으킨 사람들을 말함)'이라고 한다. 이러한 하시딤 중 율법주의적이고 형식주의적 하시딤으로 흘러간 사람들이 '바리새인'이며, 신비주의적이고 금욕주의적인 방향으로 흘러간 사람들이 '에세네파'이다.

현재 예루살렘 다메섹문에서 북서쪽으로 1km 떨어진 곳에 1875년에 세워진 하시딤 마을이 있다. 하시딤 마을을 메아 쉐아림(Mea Shea'rim)이라고도 하는데, 이것은 '100'이라는 숫자 '메아'와 '문(門)'이라는 '쉐아림'의 합성어이다. 이렇게 부르게 된 것은 창세기에서 이삭이 땅에서 농사하여 얻은 '백배의 수확'(창 26:12)을 뜻하기도 하고, 이 마을에 아치형의 문이 백 개 있어서 메아 쉐아림이라 부르기도 한다.

마카비 혁명으로 독립을 쟁취한 이

〈메아 쉐아림 거리〉

스라엘은 이후 로마에 정복당하기까지 약 100년간 독립을 지속하게 되며, 이 독립기간 동안 하스모니안 가문의 후손들이 통치했기 때문에 이 시기의 왕조를 '하스모니안 왕조'라고 한다.

잔혹한 투쟁에서 승리하여 독립을 쟁취하고 성전을 되찾은 이스라엘 백성들은 얼마나 기뻤겠는가? 그래서 로마의 제우스신과 부정한 돼지고기 등으로 더럽혀지고 훼손된 예루살렘 성전을 BC 165년에 깨끗하게 수리해서 새롭게 하나님께 봉헌하는데, 이를 수전절(修殿節, 또는 성전 봉헌절, 히브리어로는 건물 헌당을 의미하는 '하누카')이라고 한다. "예루살렘에 수전절이 이르니 때는 겨울이라"(요 10:22). 수전절은 성경에서 요한복음(10:22)에 한 번만 나오기 때문에 우리에게 익숙하지는 않다. 우리의 성탄절 무렵에 이스라엘은 수전절을 지킨다.

수전절을 '빛의 절기'라고도 부른다. 그것은 이스라엘 백성들이 성전을 탈환했을 때 촛대가 탈 수 있는 기름이 하루치밖에 없었는데, 성전이 봉헌될 때까지 8일 동안 기적적으로 꺼지지 않고 빛을 밝혔기 때문이다.

하누카 촛대는 아홉 개를 밝히는데, 먼저 가운데 있는 긴 촛대를 켜고 그 불로 하루에 하나씩 옆에 있는 여덟 개의 촛대를 점화해서 밝히게

〈통곡의 벽 하누카 촛대 앞에서 기도하는 유대인〉

된다.

　BC 165년, 이스라엘 백성들이 깨끗하게 해서 봉헌한 예루살렘 성전이 있던 그 자리에, 지금은 안타깝게도 하나님을 예배하는 성전이 아닌 이슬람 사원이 들어서 있다. 이스라엘 백성들은 다시 성전을 재건하고자 하지만 현실적으로 결코 쉽지 않은 일일 것이다.

　중요한 것은 이스라엘이 속히 예수 그리스도를 받아들이는 것이다. 왜냐하면 예수님이 성전이시기 때문이다(요 2:21). 그리고 빛의 절기인 수전절에 단순히 하나의 의식으로 촛불을 밝히는 것에만 그치지 않고, "나는 세상의 빛"(요 8:12)이라고 하신 참 빛이신 예수님을 믿는 것이다. 이스라엘 백성들이 진정한 성전은 예수님임을 깨닫고, 참 빛이신 예수님을 구원자로 믿고 찬양하며 촛불을 밝히는 '거듭난' 수전절이 되기를 소망한다.

　마카비 혁명으로 이스라엘 백성들이 독립을 쟁취한 것이 실로 얼마만의 일인가? 구약시대인 BC 586년 바벨론에 멸망한 이래 70년 바벨론 포로, 바사 지배 약 200년, 그리스 알렉산더 대왕 지배 약 30년, 프톨레미 왕조 지배 약 100년, 셀레우코스 왕조 약 34년으로 약 434년간 다른 나라의 지배를 받다가 독립한 것이다.

　오랜만에 독립을 한 이스라엘 백성들은 가장 먼저 성전을 청결하게 하고, 하나님께 새롭게 봉헌했다. 이 성전은 앞서 구약시대에서 언급한 바벨론 포로에서 돌아와 BC 516년에 세운 그 성전이다.

　자유도 찾고, 성전도 회복하고 했으니 하나님을 얼마나 잘 섬기고 싶었겠는가? 그래서 이 시기를 유대교가 제도적으로 확립된 시기로 본다. 유대교가 시작된 시점은 바벨론 포로에서 돌아와 성전을 재건한 때이다.

5과 _ 로마 지배 시작

이제 세계사에서 가장 유명한 제국인 로마가 이스라엘을 지배하게 된다. "로마는 하루 아침에 이루어지지 않았다"라는 말이 있듯이 로마도 BC 753년경에는 이탈리아 반도의 작은 도시국가였다. 그러나 차츰 세력을 확장해 "모든 길은 로마로 통한다"는 말이 생

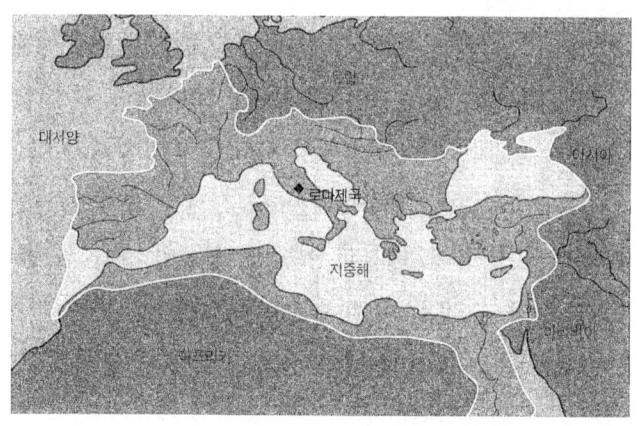

BC 753년	BC 270년	BC 63년	BC 37 - 4년	BC 4 - AD 30년경	AD 66 - 70년	AD 132 - 135년
이탈리아 반도의 도시국가	이탈리아 반도 통일	폼페이 장군이 예루살렘 점령	헤롯이 유대 왕으로 이스라엘 통치 (BC 20년경 : 성전 증축 시작)	예수님 탄생/ 사역/십자가 죽음과 부활 (성전청결)	제1차 유대인 반란 (성전 파괴)	제2차 유대인 반란

길만큼 로마는 세계를 정복했다. 강대국 로마! 그 로마는 세계를 정복했다. 그러나 복음은 그 로마를 정복했다.

유대인들은 마카비 혁명으로 실로 오랜만에 100년간의 독립을 누렸으나, 그것도 잠시일 뿐 BC 63년부터는 로마의 지배를 받게 된다. 이때부터 1948년 독립할 때까지 2,011년간은 계속해서 다른 나라의 지배를 받게 된다. 독립이라는 것이 없다.

로마의 폼페이 장군이 이스라엘을 정복할 때 눈치 빠른 헤롯 가문은 이 찬스를 놓치지 않고 폼페이를 도와준다. 그리고 마침내 로마가 이스라엘을 지배하게 되자, 대헤롯은 로마에 로비를 해 '유대 왕'으로 등극하게 된다.

〈폼페이〉

이 대헤롯은 로마인도 이스라엘인도 아닌 에돔 사람이다. 교활하게 로마에 붙어 로비를 하고, 로마군의 지원을 받아 유대의 왕이 되어 BC 37년부터 BC 4년까지 이스라엘을 통치하다가 BC 4년 봄에 죽었다. 이 대헤롯이 이스라엘을 통치할 때 예수님께서 탄생하셨으므로 예수님의 탄생 연도를 대략 BC 5년 또는 BC 4년경으로 보는 것이다.

왜 예수님은 로마가 지배하고 있던 이때에 인간의 몸을 입으시고 인류 역사 속으로 들어오셨을까? 많은 사람들은 이때를 복음이 전파되기 좋은 하나님이 주신 시기로 본다.

무엇보다 로마제국이 대평화로 최고의 절정기를 맞고 있었다. 비록 로마가 칼로 지배하고는 있었지만 종속국들은 별 탈 없이 순응하며 평화를 유지했고, '새 시대의 새 질서'에 대한 희망과 낙관주의가 가득차 있었다. 그리고 당시의 공용어로 헬라어가 확산되어 있었고 성경이 헬라어로 번역되어 있었다. 또한 모든 길은 로마로 통한다고 했듯 복음이 전 세계로 전파될 수 있도록 도로망도 잘 갖추어져 있던 시기라는 점 등을 그러한 이유로 든다.

분봉왕의 등장

예수님께서 탄생하실 때에는 앞에 나온 대헤롯이라는 사람이 있었고, 예수님께서 30세(BC 27년경)에 공생애를 시작하실 때 나오는 헤롯은 그의 아들 '헤롯'이다. BC 4년에 죽은 대헤롯은 아들이 여러 명 있었는데, 자신이 죽으면서 이스라엘 땅을 3명의 아들에게 나누어 주었다.

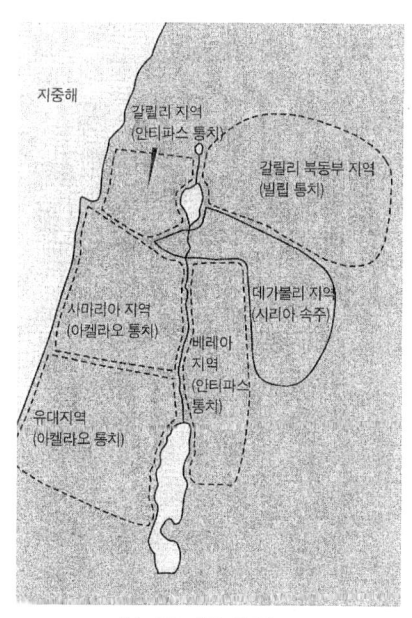

〈분리된 헤롯 왕국〉

먼저 '헤롯 빌립'이라는 아들에게는 갈릴리 북동부 지역(이두래, 드라고닛 지역 등이 포함됨)을, '헤롯 안티파스'라는 아들에게는 갈릴리와 베레아 지역(요단 동편)을, '헤롯 아켈라오'라는 아들에게는 유대와 사마리아 지역을 다스리도록 하였다. 헤롯 아켈라오라는 아들에게 반을 주었고, 헤롯 안티파스와 헤롯 빌립에게 반을 준 것이다. 이들을 '분봉왕'이라고 한다. 분봉왕도 결국은 로마에 의해 임명되었고 로마의 지배하에 있었다.

유대 지역을 다스린 헤롯 아켈라오는 마태복음 2장 22절에 한 번 나오는 사람으로 매우 잔인무도한 사람이었다. 그래서 예수님의 가족은 이집트 피난에서 나오면서 유대로 가지 않고 갈릴리로 갔다.

헤롯 안티파스는 예수님의 공생애 중에 나오는 사람으로 예수님께서 이 헤롯을 여우(눅 13:32)라고 부를 정도로 교활했다. 그는 예수님을 죽이려했고 심문했다. 그리고 건축광으로 항구도시인 가이사랴와 갈릴리의 디베랴 도시 등을 건설했으며, 유대인들의 환심을 사기 위해 BC 516년에 재건된 예루살렘 성전을 증축해 주기도 했다(BC 20년경).

헤롯 빌립은 '가이사랴 빌립보'라는 도시를 세웠으며, 주로 이방 사람들이 사는 곳을 다스렸다.

총독의 등장

그런데 문제가 생겼다. 유대 지역을 다스리던 헤롯 아켈라오가 너무 잔악하게 백성들을 다스린 것이다. 그러자 백성들은 헤롯 아켈라오의 통치를 받고는 못살겠다며 폭동을 일으키고 이를 진압하느라 살육이 일어나는 등 사회가 혼란스럽게 되었다.

결국 로마가 개입하게 되었고, 해결책으로 유대 지역만 로마가 직접 통치하게 되었다(갈릴리 지역은 분봉왕 '헤롯 안티파스'가, 갈릴리 북동부 지역은 '헤롯 빌립'이 그대로 다스림). 이때 로마에서 파견한 사람이 '총독'이다.

갈릴리 지역을 다스린 헤롯 안티파스는 BC 4년부터 AD 39년까지 계속 통치했고, 갈릴리 북동부 지역을 다스린 헤롯 빌립도 BC 4년부터 AD 34년까지 장기 집권을 했다. 하지만 헤롯 아켈라오만은 BC 4년부터 AD 6년까지 10년만 통치하고 물러나게 되었고, AD 6년부터는 로마에서 파견된 총독이 다스리게 되었다.

1대 총독은 코포니우스(AD 6~8년), 2대 총독은 암브비우스(AD 9~12년), 3대 총독은 안니우스 루푸스(AD 12~15년), 4대 총독은 발레리우스 그라투스(AD 15~26년), 그리고 5대 총독이 우리가 잘 아는 예수님 당시의 총독인 본디오 빌라도(AD 26~36년)이다.

그리고 사도행전에 나오는 헤롯 아그립바 1세가 7대 총독으로 AD 37~44년까지, 안토니우스 벨릭스가 11대 총독으로 AD 52~60년까지, 포로시우스 베스도가 12대 총독으로 AD 60~62년까지 유대 지역을 통치했다.

5대 총독인 본디오 빌라도와 분봉왕인 헤롯의 정치적 상황을 잘 보여주는 말씀이 누가복음 3장 1~2절 말씀이다.

> 1. (로마의) 디베료 황제(AD 14~37년)가 통치한 지 열다섯 해
> 곧 본디오 빌라도가 유대의 총독으로(AD 26~36년),
> 헤롯이 갈릴리의 분봉왕으로,
> 그 동생 빌립이 이두래와 드라고닛 지방의 분봉 왕으로,
> 루사니아가 아빌레네의 분봉왕으로,

2. 안나스와 가야바가 대제사장으로 있을 때에
하나님의 말씀이 빈들에서 사가랴의 아들 요한에게 임한지라

그리고 누가복음 23장 6절 이하에는 '총독' 빌라도와 '분봉왕' 헤롯 안티파스의 관할지역이 다름을 볼 수 있는 말씀이 나오며, 둘이 서로 예수님을 이리로 저리로 보내는 모습을 볼 수 있다.

6. 빌라도가 듣고 그가 갈릴리 사람이냐 물어
7. 헤롯의 관할에 속한 줄을 알고 헤롯에게 보내니
그때에 헤롯이 예루살렘에 있더라
....
11. 헤롯이 그 군인들과 함께 예수를 업신여기며 희롱하고
빛난 옷을 입혀 빌라도에게 도로 보내니
12. 헤롯과 빌라도가 전에는 원수였으나
당일에 서로 친구가 되니라

산헤드린공의회와 유대 분파의 등장

비록 이스라엘이 로마의 지배를 받고는 있지만, 그들 나름대로의 대표 기관이 있었다. 그것이 '산헤드린공의회이다.' '산헤드린'이라는 말은 'Synedrion(의회)'이라는 뜻을 지닌 그리스어에서 유래한 것이며, 사법권·입법권·행정권을 가지고 정치뿐만 아니라 종교분야에서도 막강한 권한을 행사한 유대 자치기구이다.

산헤드린공의회 구성원은 대제사장, 장로, 서기관, 사두개파, 바

리새파 사람들 등 사회지도자급 71명이다. 최고의 직책은 대제사장직이었으며, 사두개파 사람들이 맡았다. 그러나 말이 대사장이지 대부분 로마나 헤롯이나 총독에 붙어서 권력을 즐겼으며, 백성들을 종교라는 이름으로 착취하고 돈으로 대제사장직을 사기도 했다.

* 산헤드린(Sanhedrin)공의회 : 'Synedrion(의회)'라는 뜻을 지닌 그리스어에서 유래
- 유대인 최고의 자치의결 기관 : 사법권, 입법권, 행정권 행사 / 종교, 정치의 막강 권한
- 구성원 : 대제사장, 장로, 서기관, 바리새파 사람들 등 사회지도자급 71명으로 구성
☞ 대제사장 : 대부분 로마나 헤롯이나 총독에 붙어서 권력을 즐기며 백성들을 종교라는 이름으로 착취하는 세력, 돈으로 대제사장직을 사기도 함

산헤드린 구성원 중에 바리새파, 사두개파 등이 있는데 당시 유대인의 주요 분파는 다음과 같이 6개의 분파로 구분할 수 있으며 이들이 신약성경에 등장하게 된다.

유대인의 주요 분파

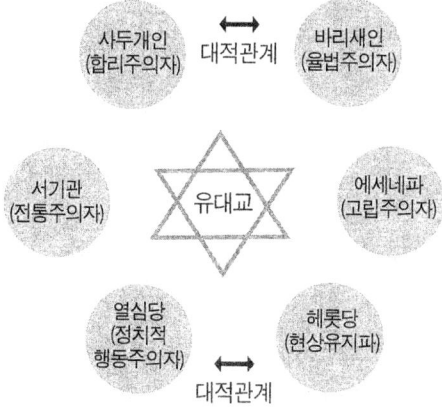

사두개인 (합리주의자)	- 성전 예배를 관장하는 제사장들이지만 율법은 적당히 믿고 해석, 오히려 정치적이고 현실적인 세력 - 상류층들이 주를 이루며, 부활을 믿지 않고, 천사와 영의 존재부인
바리새인 (율법주의자)	- 엄격한 율법주의자들로 정결예식, 먹는 법, 안식일 계명 등을 엄격히 준수 - 존경받는 종교 지도자들로 유대교의 핵심세력, 민중의 지지를 받음(니고 데모, 바울)
서기관(전통주의자)	- 율법을 가르치고 해석하는 일을 함
에세네파 (고립주의자)	- 쿰란공동체로 불리는 분파, 현실도피주의자들로서 광야에서 은둔하며 금욕적인 생활을 함 *세례 요한도 에세네파로 추정
헤롯당 (현상유지파)	- 헤롯 가문의 권력을 유지하기 위해 전념 - 예수님을 정치적 반동주의자로 여김
열심당 (정치적 행동주의자)	- 헤롯당의 정적으로 칼을 차고 다니며 로마에 항거한 민족주의적 혁명 세력, 맛사다 항전 주도 / 종교당파는 아님 *셀롯이라는 시몬(눅 6:15)이 여기에 속함, 셀롯은 열심당원이라는 뜻임

사두개인은 상류층들로 구성된 정치적 성향이 강한 세력들이었고, 바리새파는 엄격한 율법주의자들로서 민중의 지지를 받는 세력들이었다. 이 두 세력은 늘 적대적이었다. 니고데모와 바울이 바리새파였다. 사두개인이란 말은 솔로몬의 제사장이었던 '사독'(삼하 8:17)에서 유래된 것으로 전해지고 있다.

헤롯당은 그저 로마와 헤롯의 지배를 받으며 사는 게 좋다는 현상유지파 사람들이었다. 그래서 그들은 자신들이 만족하고 있는 정치적 상황을 뒤엎을 가능성이 있는 예수님을 정치적 반동주의자로 여겼다. 이와는 반대로 열심당원은 로마와 헤롯의 지배에서 벗어나 정치적 독립을 이루기 원하는 세력이었다. 그래서 로마에 대항해 제1차 반란(AD 66~70년)과 제2차 반란(AD 132~135년)을 주도한다. 유대인 최후의 비극적 역사인 맛사다 항전의 주역도 이들이었다.

서기관들은 율법을 가르치고 해석하는 일을 맡았으며, 에세네파는 현실도피주의자들로서 사해바다 근처 쿰란공동체에서 살았다. 이곳에서 1947년에 성경 사해사본이 발견되었다. 세례 요한을 에세네파 출신으로 추정하기도 한다.

여기까지가 신구약 중간시대의 내용이다. 크게 세 부분으로 구분하였다. 알렉산더와 그 부하 프톨레미 왕조, 셀레우코스 왕조가 한 묶음이고, 하스모니안 왕조, 로마 지배 시작이 그것이다.

BC 63년에 로마의 폼페이 장군에 의해 예루살렘이 점령당하고 이스라엘이 로마의 지배를 받기 시작함으로써 신구약 중간시대도 끝을 맺는다. 그리고 대헤롯이 유대 왕으로 있는 상황에서 BC 4년경에 예수님께서 탄생하심으로써 신약시대(예수 그리스도 시대)가 시작된다.

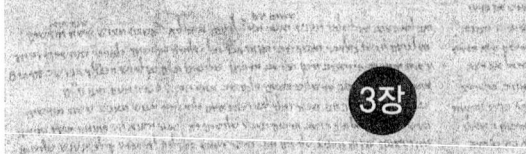

3장
신약시대 이후~1946년

신약시대 이후는 '로, 비, 이, 십, 맘, 오, 영' 이다(이게 무슨 소리인가? 하시면 2부 앞부분을 보시면 됩니다). 신약시대 이후는 다시 크게 네 부분으로 나눌 수 있다 '로, 비' / '이' / '십' / '맘, 오, 영' 이다.

로마와 비잔틴은 로마를 수도로 하는 서로마 제국과 비잔틴(오늘날 터키 이스탄불)을 수도로 하는 동로마 제국으로써 같은 로마 제국이기 때문에 하나로 묶을 수 있다.

'이슬람(아랍)' 은 이때부터 이스라엘에 이슬람교가 침투하게 되어 오늘에까지 이르기 때문에 종교적으로 확연하게 구분이 된다.

'십자군' 은 이슬람교도들이 예수님의 성지를 훼손시키자 유럽에 있던 기독교인들이 '십자군' 을 결성해서 성지탈환을 목표로 이스라엘 땅으로 온 것으로 이 또한 종교적인 면에서 구분이 된다.

'이집트 맘룩 왕조' 와 '오스만 터키 제국' 도 이슬람교로서 종교적으로 구분이 되고, 마지막으로 '영국' 이 통치하다가 비로소 1947년 11월 29일에 UN이 이스라엘의 독립을 가결하게 된다.

1과 _ 로마 지배 계속

　신구약 중간시대인 BC 63년부터 로마가 이스라엘을 지배하기 시작했다. 그런데 그 지배 방식은 로마가 직접 한 것이 아니라 에돔 사람 대헤롯이 로마에 로비를 해 유대인의 왕 자리를 차지하고 통치를 한 것이다. 그리고 이 대헤롯이 BC 4년에 죽게 되자, 그는 자신의 세 아들에게 영토를 나누어 주었다.

　유대 지역은 헤롯 아켈라오에게, 갈릴리 지역은 헤롯 안티파스에게, 갈릴리 북동부 지역은 헤롯 빌립에게 주었다. 그런데 문제가 생겼다고 했다. 유대 지역을 다스리던 헤롯 아켈라오가 너무 잔악하게 백성들을 다스려 반란과 살육이 일어나게 되자 결국 유대 지역에만 로마에서 직접 '총독'이라는 직책의 사람을 파견해서 통치하기 시작했던 것이다.

제1차 유대인 반란

　그래서 AD 6년, 1대 총독인 코포니우스(AD 6~8년)를 시작으로 유대 지역에 총독을 파견하기 시작하는데 총독의 파견은 이스라엘과 로마 사이의 갈등이 증폭되는 사건이 되었다. 그리고 로마 총독과 유대인 사이에, 로마 주둔군과 유대인 사이에 충돌과 불만이 잦았고 적대감이 고조되었다.

　이러한 상황에 기름을 부은 것은, 제14대 총독으로 부임한 게시우스 플로루스(AD 64~66년)이다. 그는 예루살렘 성전 금고에서 많은 돈을 빼내려 하다 발각된다. 그러자 유대인들은 분노하게 되고, 누적돼 있던 불만이 폭발되어 마침내 로마로부터 독립하려는 대규모 항거 운동인 제1차 반란(AD 66~70년)을 일으키게 된다.

그러나 AD 70년, 로마의 티투스 장군이 4개 군단 약 8만 명의 군대를 이끌고 예루살렘을 침공해서 함락시킴으로써 예루살렘은 완전히 무너지고 만다. 이때 유대인 110만 명이 기근과 불과 칼에 살육되고, 9만 7천여 명이 포로 또는 노예로 팔려감으로써 전 세계로 유대인들이 흩어지게('디아스포라'라고 함) 된다.

이러한 예루살렘의 함락은 이미 예수님께서 예언하셨던 내용이다. 예수님께서는 누가복음에서 다음과 같이 말씀하셨다.

> "가까이 오사 성을 보시고 우시며 이르시되
> 너도 오늘 평화에 관한 일을 알았더라면
> 좋을 뻔 하였거니와 지금 네 눈에 숨겨졌도다 날이 이를지라
> 네 원수들이 토둔을 쌓고 너를 둘러 사면으로 가두고 또 너와 및 그 가운데 있는
> 네 자식들을 땅에 메어치며 돌 하나도 돌 위에 남기지 아니하리니
> 이는 네가 보살핌 받는 날을 알지 못함을 인함이니라 하시니라"(눅 19:41~44)

예수님은 평화의 왕을 알아보지 못한 이스라엘, 참 메시야이신 예수님을 알아보지 못한 예루살렘을 보시며 우셨다. 사복음서에 예수님께서 우신 기록이 두 번 나온다. 한 번은 나사로의 죽은 소식을 들었을 때 우셨고(요 11:35), 또 한 번은 예루살렘 성을 보시며 우셨다.

둘 다 우리말로는 똑같이 우신 것으로 번역되어 있지만 원어는

〈예수님께서 예루살렘을 보시며 우셨던 눈물교회 창밖으로 보이는 예루살렘〉

다르다. 나사로의 죽은 소식을 듣고 우시는 것은 헬라어 단어가 '다크뤼오'로써 '비통한 마음으로 조용히 우시는 것'을 뜻한다.

그러나 예루살렘을 보시고 우신 것은 헬라어 '클라이오'라는 단어가 사용되었는데, 이것은 '큰 소리로 울부짖으며 흐느껴 우는 것'을 의미한다. 예수님은 예루살렘 성을 보시며 소리 내어 우셨던 것이다. 참 메시야이신 예수님을 못 알아보는 것이 너무도 마음 아프셨기 때문이다.

앞의 누가복음 19장 43절의 "날이 이를지라"의 '날'은 AD 70년 아브월 9일(양력 70년 8월 28일)이었다. 이때 예루살렘이 무너졌고 예루살렘 성전도 파괴되었다. 아브월 9일은 묘하게도 구약시대 솔로몬 성전이 파괴된 날과 같은 날이다.

그리고 누가복음 19장 43~44절의 말씀대로 로마 군인들은 예루살렘 성 둘레에 토둔을 쌓고 사면으로 가두고, 자식들을 땅에 메어쳤다.

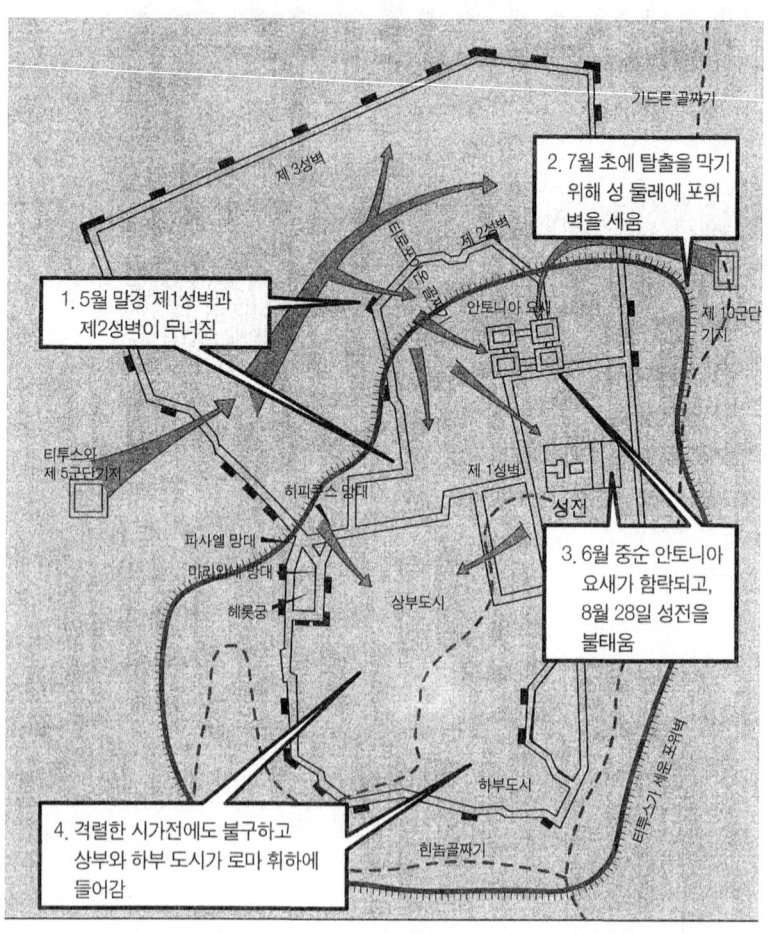

〈예수님의 예언대로 예루살렘 성 주변에 티투스가 세운 포위 벽과 예루살렘 함락 상황〉

　예루살렘의 모든 건물들도 예수님께서 예언하셨던 대로 처참하게 다 무너졌고, 예루살렘 성전도 돌 하나 돌 위에 남지 않고 다 무너뜨려졌다.

"예수께서 성전에서 나가실 때에 제자 중 하나가 이르되 선생님이여 보소서 이 돌들이 어떠하며 이 건물들이 어떠하니이까 예수께서 이르시되 네가 이 큰 건물들을 보느냐 돌 하나도 돌 위에 남지 않고 다 무너뜨려지리라 하시니라"(막 13:1~2)

〈예수님 당시의 예루살렘 성전 모형도〉

AD 70년, 예루살렘의 함락으로 전 세계로 흩어진 이스라엘 백성들은 조롱과 저주와 치욕을 받으며 하루하루를 보냈다. 평안함을 얻지 못했고 생명도 확신하지 못했다. 제2차 세계대전(1939~1945년) 중에는 600만 명이라는 유대인이 대학살을 당하기도 했다.

디아스포라가 된 그들의 마음은 아침이면 저녁이, 저녁이면 아침이 되기를 바라는 불안한 마음이었다. "네 마음의 두려움과 눈이 보는 것으로 말미암아 아침에는 이르기를 아하 저녁이 되었으면 좋겠다 할 것이요 저녁에는 이르기를 아하 아침이 되었으면 좋겠다 하리라"(신 28:67)

〈통곡의 벽〉

　로마군이 무너뜨리고 남은 예루살렘 성전벽의 일부가 오늘날까지 남아 있는데, 그것이 통곡의 벽이다. 통곡의 벽 아래 7단은 예수님 당시에 있던 그대로이며, 중간 4단은 로마군이 증축한 것이고, 제일 위 작은 돌들은 오스만 터키 제국의 슐라이만 대제가 쌓은 것이다. 자세히 보면 돌의 크기가 시대별로 조금씩 다른 것을 발견할 수 있다. 오늘날 이스라엘 백성들은 이슬람 사원이 있는 통곡의 벽 안쪽은 출입하지 못하고 통곡의 벽에 서서 기도할 뿐이다.
　AD 70년, 로마군이 예루살렘성 둘레로 토둔을 쌓고 포위하자 유대인들은 성안에 갇혀 꼼짝을 못하게 되었다. 요세푸스의 '유대전쟁사'를 보면 당시 성안에 갇혀 있던 유대인들은 서로 먹을 것을 차지하기 위해 동족들끼리 서로 싸우고 죽이는 사태까지 발생했던 것을 알 수 있다.

예레미야애가서의 말씀은 이때의 상황을 잘 보여주고 있다. "내 눈이 눈물에 상하며 내 창자가 끊어지며 내 간이 땅에 쏟아졌으니 이는 딸 내 백성이 패망하여 어린 자녀와 젖 먹는 아이들이 성읍 길거리에 기절함이로다. 그들이 성읍 길거리에서 상한 자처럼 기절하여 그의 어머니들의 품에서 혼이 떠날 때에 어머니들에게 이르기를 곡식과 포도주가 어디 있느냐 하도다. 딸 예루살렘이여 내가 무엇으로 네게 증거하며 무엇으로 네게 비유할까 처녀 딸 시온이여 내가 무엇으로 네게 비교하여 너를 위로할까 너의 파괴됨이 바다 같이 크니 누가 너를 고쳐 줄소냐"(애 2:11~13)

심지어 어떤 여인은 너무도 배가 고파서 자신의 아이를 불에 구워 먹는 기록도 요세푸스의 유대전쟁사에 나온다. 고기 냄새가 나자 로마 군인들이 달려 와서는 숨겨둔 고기를 내놓으라고 했다. 그러자 그 여인이 먹다 남은 아이를 보여주자 로마 군인들이 기겁을 해서 달아났다.

왜 이 여인은 자신의 아이를 삶아 먹었을까? 그것은 배가 너무 고팠기 때문이기도 했지만, 이렇게 해서라도 로마군에게 저항하고 유대인의 고통이 이렇게도 처절했다는 것을 후세에 알리기 위함이었다. 아이를 삶아 먹는 이 일은 성경에 예언되어 있는 일이기도 하다. "자기 다리 사이에서 나온 태와 자기가 낳은 어린 자식을 남몰래 먹으리니 이는 네 적군이 네 생명을 에워싸고 맹렬히 쳐서 곤란

하게 하므로 아무것도 얻지 못함이리라"(신 28:57) "여호와여 보시옵소서 주께서 누구에게 이같이 행하셨는지요 여인들이 어찌 자기 열매 곧 그들이 낳은 아이들을 먹으오며 제사장들과 선지자들이 어찌 주의 성소에서 죽임을 당하오리이까"(애 2:20)

이것을 통해 우리가 배울 수 있는 것은 무엇인가? 성경의 말씀은 그것이 축복의 말씀이든 저주와 심판의 말씀이든 그대로 성취된다는 것이다.

예루살렘 함락 당시 성안은 이렇게도 처참하고도 잔혹한 상황이었다. 그야말로 아비규환의 현장이었으며, 인간으로서는 도무지 더 이상 버틸 수 없는 곳이었다. 어차피 성안에 있어도 죽는 것! 어느 날 죽을 각오로 한 유대인 960명이 극적으로 로마군의 철통같은 포위를 뚫고 예루살렘 성을 탈출하는 사건이 일어난다.

그들은 밤새 죽기 살기로 달려 사해 바다 근처의 맛사다('요새'라는 뜻의 히브리어) 정상으로 향했다. 맛사다는 헤롯왕이 유대인들이 폭동을 일으키면 피신하려고 만들어 두었던 피신처로써 높이가 400m가 넘는 곳으로 아래에서 정상으로 접근하기 어려운 천혜의 요새였다. 참고로 서울의 인왕산(338m)보다 높다는 것을 생각하면 얼마나 높은지 짐작할 수 있을 것이다.

정상에 오르면 정말 와~하는 감탄사가 나올 정도로 넓은 운동장 같이 되어 있으며, 밑으로 내려다보면 아찔한 기분이 들고 저 멀리로는 사해가 한 눈에 들어온다. 맛사다 정상에는 유사시에 많은 사람이 몇 년 동안 먹고 마실 수 있는 음식과 물 등이 보관되어 있었기 때문에 이스라엘 백성들이 피할 장소로 안성맞춤이었다.

이스라엘 백성들이 예루살렘 성을 탈출한 것을 알게 된 로마 군인들은 맛사다로 뒤쫓아 갔다. 그러나 사막전투에 익숙하지 않았던 로마의 병사들은 맛사다 꼭대기로 올라가는 것이 결코 쉽지 않았다.

그래서 그들은 맛사다 정상으로 올라가는 경사로를 쌓기로 한다. 40도를 웃도는 뜨거운 태양 아래서 흙을 실어다 경사로를 쌓기 시작한 것이다. 맛사다 정상에서 로마 병사들의 이런 작업 광경을 본 이스라엘 백성들은 커다란 돌과 뜨거운 물을 아래로 쏟아 부으며 공사를 하지 못하도록 방해했다.

그러자 로마 군인들은 어쩔 수 없이 공사를 중단할 수밖에 없었다. 그러나 그들이 쉽게 물러날리 있겠는가? 며칠 후에 다시 공사를 시작했다. 이 광경을 본 맛사다 정상에 있던 이스라엘 백성들은 다시 돌을 던지고 뜨거운 물을 부으려 했다. 그러나 그들은 그렇게 할 수가 없었다. 왜냐하면, 이번엔 로마 군인들이 아닌 포로로 잡혀

〈맛사다〉

갔던 동족들이 경사로를 쌓고 있었기 때문이다.

결국 맛사다로 피신한지 3년 뒤인 AD 73년에 정상으로 올라오는 경사로가 완성되었다. 이제 로마군이 정상을 공격하는 일만 남았다. 맛사다 정상에 있던 이스라엘 백성들은 독안에 든 쥐나 다름이 없었다. 이 모든 것을 알게 된 그날 밤, 맛사다 정상에 있던 960명의 이스라엘 백성들은 한 자리에 모였다. 그리고 지도자 엘르아살이 일장 연설을 한다.

"여러분! 내일 새벽이면 이제 로마 군인들이 우리를 공격해 올 것입니다. 그러면 우리가 선택할 수 있는 길은 세 가지가 있습니다. 첫 번째는 그들과 용감하게 싸우는 것입니다. 그러나 우리가 어떻게 그들을 이길 수 있겠습니까? 두 번째는 항복을 하는 것입니다. 그러나 그렇게 되면 남자들은 모두 죽거나 설령 살아남는다고 할지라도 노예로 팔려갈 것입니다. 그리고 여자들은 능욕을 당할 것입니다. 세 번째는 우리의 목숨이 우리의 손에 달려 있을 때에 차라리 우리 스스로 목숨을 끊어 그들에게 승리를 안기지 않는 것입니다. 자, 어떻게 하겠습니까?"

맛사다 정상은 깊은 침묵이 흘렀다. 여자들과 아이들뿐만 아니라 남자들도 눈물을 흘리지 않을 수 없었다. 결국 그들은 스스로 목숨을 끊을 수밖에 없는 현실을 받아들인다. 자유인으로서 죽음을 택하는 것이다.

남자들은 눈물을 흘리며 애통해 하고 공포에 질린 그들의 아내와 자식들을 번갈아 껴안으며 눈물을 흘렸다. 그러나 한편으로 그들은 냉정했다. 왜냐하면 사랑하는 가족들이 적들에게 비참하게 죽는 것보다는 차라리 자신들의 손에 죽는 것이 낫다고 생각했기 때문이다. 그리고 그들은 단 한 명도 예외 없이 자기 가족들의 목을 베었다.

그러고는 모든 남자들이 한 자리에 모였다. 그들은 가족들을 다 죽이고 나서 자신들이 가족들보다 조금이라도 더 산다는 것이 여간 죄스러운 것이 아니었다. 주저하지 않고 10명을 제비로 뽑았다. 제비로 뽑힌 10명 외 나머지 남자들은 이미 죽은 부인과 아이들을 끌어안고 목을 내밀었다. 10명은 조금도 두려워하지 않고 동료들의 목을 베었다.

이제 마지막으로 10명만 남게 되자 그들은 다시 1명을 제비 뽑았다. 이 마지막 사람은 다른 9명을 죽이고 자신은 칼에 엎드려 자결했다. 다음날 새벽 로마 군인들이 맛사다 정상을 공격했을 때 그들은 놀라지 않을 수 없었다. 아무런 저항이 없었기 때문이다. 그러나 더 놀란 것은 참혹한 자결의 현장이었다. 죽음으로밖에 항거할 수 없었던 비극의 역사가 맛사다 항전이었던 것이다.

이스라엘 백성들은 스스로 목숨을 끊기 전에 모든 살림살이를 불태웠다. 그러나 곡식만은 불태우지 않았다. 그것은 그들이 먹을 것이 없어서 죽음을 택한 것이 아니라, 다른 사람의 손에 죽느니 차라리 스스로 죽음을 택했다는 비장함을 보여주기 위함이었다.

제2차 유대인 반란

제1차 유대인 반란은 실패로 끝났다. 그 결과 어떤 일이 일어났을까? 로마군은 1차 반란을 일으킨 유대인들을 무참히 응징했다.

예루살렘은 처참한 학살과 약탈과 피의 도성으로 물들고 말았다.

그리고 로마의 하드리안 황제는 유대인들에게 할례를 금지시키고 예루살렘을 로마식 도시로 재건하려고 했다. 뿐만 아니라 예루살렘 성전이 있던 자리(오늘날 황금돔 사원이 있는 곳)에 로마 신인 주피터 신전을 세우려고 했다.

이런 압박이 강화되는 상황에서 유대인 중 '시몬 바르 코크바'(Simon Bar Kochba)라는 사람이 자칭 메시야라며, 자신이 유대 백성을 로마의 압제에서 벗어나게 해 줄 구원자로 자처하고 나섰다. 당연히 구원자가 아니었지만, 당시 가장 존경 받던 랍비 '아키바'가 그를 메시야로 인정하자 유대인들도 그를 메시야로 받아들이게 되었다.

그리고 132년에 바르 코크바의 주도로 유대인들은 로마에 대항하는 제2차 반란을 일으켰다. 하지만 실패하고 만다. 제2차 반란의 실패 결과도 비참하기 그지없었다.

50만 명이 넘는 유대인들이 학살되었고 예루살렘에서 추방되었으며 출입할 수 없게 되었다. 그리고 예루살렘은 로마식 도시로 재건되었고, 예루살렘의 이름은 로마황제 하드리안 아엘리우스의 이름과 로마 최고의 신인 주피터 신전이 있었던 로마 카피톨리안 언덕의 이름을 따서 '아엘리아 카피톨리나'로 바뀌게 되었다. 뿐만 아니라 예루살렘 성전이 있던 자리에는 로마 주피터 신전이 건축되었다.

더 치욕적인 것은 이스라엘의 지명을 '팔레스타인'으로 바꾼 것이다. 팔레스타인은 이스라엘의 적수였던 '블레셋'(오늘날의 가자

지역)에서 기원한 이름으로 이스라엘 백성들을 모욕하기 위해 이렇게 바꾼 것이다. 따라서 우리는 이스라엘의 지명을 팔레스타인이라고 부르기보다는 하나님께서 지으신 이름인 이스라엘이라고 불러야 할 것이다.

여기서 잠깐 주피터 신전이 세워진 성전산의 역사를 정리해 보자. 오래 전 이곳은 아브라함이 이삭을 바치려고 했던 모리아산(창 22:2)이다. 그리고 가나안 원주민들은 이곳에 바알 신전을 만들었다. 농경문화의 삶을 살았던 가나안 원주민들은 가장 높은 지역에 타작마당을 만들었으며 바로 옆에는 바알 신전을 만들어 풍년을 가져다 준 바알 신을 숭배했다.

이후 다윗은 여부스 사람 아라우나(역대상에는 오르난으로 나옴)에게서 은 50세겔을 주고 이 땅을 구입하고(삼하 24:24), 그의 아들 솔로몬은 BC 960년에 이곳에 성전을 세운다(대하 3:1). 하지만 이 성전은 BC 586년에 이스라엘 백성들이 바벨론 포로로 잡혀가면서 무너지고(제1성전시대 : BC 960~586년) 포로에서 귀환하면서 재건된다(제2성전시대 : BC 516~AD 70년).

그리고 신구약 중간시대에는 셀레오쿠스 왕조의 안티오쿠스 4세 에피파네스가 재건된 이 성전을 훼손하고 돼지고기 등을 제물로 바쳐 성전을 모독한다. 그러자 이러한 모욕적인 상황을 참지 못했던 유대인들은 마카비 혁명을 일으켜 로마인들로부터 성전을 되찾게 된다.

BC 20년경에는 헤롯이 유대인들의 민심을 무마하기 위해 이 성전을 증축해 주지만, 신령과 진정으로 하나님을 예배하는 곳이 아니라 강도의 소굴과 장사하는 집으로 바뀐 이 성전을 예수님께서는 청결하게 하시고 결국은 훼파될 것을 말씀하신다. 그리고 예수님의 예언대로 AD 70년에 예루살렘 성전은 로마에 의해 파괴되고, 그 자리에 이제 로마의 주피터 신전이 들어서게 된 것이다. 이후 691년에는 이슬람 사원인 황금돔 사원이 세워져 오늘날에 이르고 있다.

제 2차 유대인 반란 (AD 132~135)

제1차 반란 후 유대인 상황	제2차 반란 실패 결과
● 로마, 1차 반란을 일으킨 유대인들을 무자비하게 응징 - 예루살렘 : 처참한 학살/약탈/피의 도성이 됨	● 50만명 이상 살해 - 예루살렘에서 유대인 추방, 출입금지
● 로마 하드리안 황제는 - 유대인들에게 할례 금지 - 예루살렘을 로마식 도시로 재건 시도 - 성전산에 로마 최고 신인 주피터 신전을 세우려함	● 예루살렘을 로마식 도시로 재건하고 예루살렘의 이름도 아엘리아 카피톨리나 (Aella Capitolina)로 변경/주피터 신전 세움 ※ 아엘리아 카피톨리나 : 로마 황제 '하드리안 아엘리우스' 의 이름 + 로마 최고의 신인 주피터 신전이 있던 로마 카피톨리안 언덕의 이름
● 카리스마적 지도자 출현 : 바르코크바 - 로마 속박의 멍에를 벗겨줄 구원자로 지칭 - 당시 가장 존경받던 랍비 아키바가 바르코크바를 '메시야' 로 인정하자 많은 유대인들이 이에 동조하여 반란을 일으킴 ※ 믿는 유대인 : 바르코크바를 메시야로 불인정 및 박해 받음	● 이스라엘의 지명을 이스라엘의 적수였던 '블레셋' 에서 기원한 이름인 '팔레스타인' 으로 변경해서 모욕을 느끼게 함

누가 예수를 죽였는가?

예수님이 활동하셨던 로마시대를 마감하며 '누가 예수를 죽였는가?'를 생각해 보고자 한다.

누가 예수님을 죽였을까? 물론 유대인들이 죽였다. 그러나 또한 많은 유대인들이 예수님을 믿었다. 그들은 구약에서 예언된 메시야(구원자)를 기다렸다. 그래서 세례 요한은 제자 둘을 예수님께 보내어 "오실 그이가 당신이오니이까"(눅 7:19)라고 묻도록 했다.

그러자 예수님은 "맹인이 보며 못 걷는 사람이 걸으며 나병환자가 깨끗함을 받으며 귀먹은 사람이 들으며 죽은 자가 살아나며 가난한 자에게 복음이 전파된다 하라"(눅 7:22)고 하신다. 이러한 예수님의 기적들로 인해 수많은 유대인들이 예수님을 믿었다.

이처럼 유대인들 중에는 예수님을 믿는 사람도 있었고 죽인 사람도 있었다. 결코 모든 유대인들이 예수님을 죽인 것이 아님은 분명하다.

누가 예수님을 죽였는가의 문제와 관련해서 사복음서를 공관복음(마태, 마가, 누가)과 요한복음으로 구분해서 좀 더 자세하게 볼 필요가 있다.

먼저 공관복음의 수신자는 아래와 같이 복음이 전파된 지역의 유대인과 이방인이었다.

- **마태복음** : 유대인 대상 기록
- **마가복음** : 바울의 선교여행 종착지인 로마인 대상 기록
- **누가복음** : 바울이 전도여행을 한 소아시아와 마게도냐 지역의 헬라인 대상 기록

반면 요한복음의 수신자는 지역과 인종을 초월한 전 세계인을 대상으로 기록되었다.

정리하면 공관복음은 유대인 사회나 문화에 어느 정도 지식이 있는 사람들을 대상으로 기록되었고, 요한복음은 그렇지 않은 사람들을 대상으로 기록되었다는 점이다.

그래서 공관복음서에는 산헤드린공의회 멤버나 종교지도자들을 뜻하는 대제사장, 서기관과 같은 단어들이 많이 나온다. 이는 요한복음의 수신자에게는 다소 생소한 단어들이다. 산헤드린공회를 의미하는 '공회'라는 단어도 마태복음에는 3번, 마가복음에는 4번, 누가복음에는 2번 나오지만, 요한복음에는 1번밖에 나오지 않는다.

이와 달리 요한복음에는 '유대인'이라는 단어가 무려 69번이나 나온다. 그러나 마태복음에는 5번, 마가복음에는 6번, 누가복음에는 5번밖에 나오지 않는다.

왜 그럴까? 공관복음은 당시 종교적, 정치적으로 막강한 권한을 행사했던 산헤드린공의회를 그대로 '공회'라고 하거나, 그 구성원인 '대제사장', '서기관' 등을 그대로 기록했기 때문이다.

하지만 요한복음은 종종 산헤드린공의회나 대제사장이나 서기관 등과 같은 종교지도자들을 유대문화를 모르는 수신자들이 이해하기 쉽도록 일반적으로 '유대인'들로 지칭해서 썼기 때문이다.

중요한 것은 요한복음에 사용된 '유대인'의 성향 또는 특징인데, 그것은 유대인이 거의 늘 악한 자들로 나타난다는 것이다. 그래서 특별히 요한복음에 나오는 유대인들의 행동을 근거로 하여 유대인 전체가 예수님을 죽이지 않았냐고 하는 것이다.

거듭 기억해야 할 것은 요한복음의 '유대인'이라는 호칭 상당수가 당시 정치적, 종교적으로 막강한 권한을 행사했던 산헤드린공의회 멤버나 종교지도자를 의미한다는 점이다. 따라서 예수님을 죽인 핵심은 산헤드린공의회와 종교지도자들이었다.

예수님을 죽이라고 외친 '무리'들은 예수님께 병 고침을 받고 예수님을 따르던 수많은 무리들이었을까? 결코 그렇지 않다. 그들은 산헤드린공의회 소속의 대제사장들과 장로들에게 선동된 일부의 무리들이었다.

마태복음 27장 25절을 보면, "백성이 다 대답하여 이르되 그 피를 우리와 우리 자손에게 돌릴지어다 하거늘"이라는 말씀이 나온다. 여기서 '백성'은 당연히 유대인 무리들이다. 그들은 예수님을 죽인 피를 자신들과 후손에게 돌리라고 외친다.

반유대주의자들은 이 구절을 이용해서 유대인들이 예수님을 죽였고, 그 핏값도 자신들과 후손들이 받겠다고 했기 때문에 유대인들에게 책임을 물어야 한다고 한다. 그러나 여기서의 '백성'은 바로 앞의 연결된 본문인 마태복음 27장 20절에 나오는 대제사장들과 장로들에 의해 선동된 일부 무리들이다. "대제사장들과 장로들이 무리를 권하여 바라바를 달라 하게 하고"

누가 예수님을 죽였는가? 유대인들이 죽였다. 그러나 수많은 유대인늘은 예수님께 병 고침을 받고 예수님을 따랐고 믿었다. 결국 예수님을 죽인 유대인들은 예수님을 못마땅하게 여긴 산헤드린공의회나 종교지도자 부류의 유대인들과 그들이 선동한 일부 무리였던 것이다. 군중의 대표성 문제를 고려하지 않은 채 무조건 모든 유대인들이 예수님을 죽였다고 하는 것은 무리가 있다.

그리고 또 누가 예수님을 죽였는가? 로마인들이 죽였다. 로마 총독 빌라도와 병사들이 앞장서지 않았는가? 로마 총독으로 유대 지역을 관할했던 빌라도는 예수님으로 인해 반란이 생기면 로마 당국으로부터 직위해제 될 것을 두려워했을 것이며, 예수님의 출신지(갈릴리 나사렛)를 다스리던 헤롯왕 또한 로마 당국으로부터 문책당할 것을 두려워했을 것이다. 지배하고 있는 나라가 시끄러운데 로마 당국이 뒷짐 지고 가만 있을리 없기 때문이다.

그리고 당시 로마의 통치하에 있던 유대인들에게는 사형 결정권이 없었으며, 유대인들이 자체적으로 사형을 집행할 수 있는 유일한 방법은 종교재판(이방인이 성전 안으로 들어가는 죄를 범할 때)에 의해 돌로 쳐 죽이는 것뿐이었다.

마지막으로 누가 예수님을 죽였는가? '우리'가 죽인 것이다. 아니 '나 자신'이 죽인 것이다. 예수님께서는 십자가를 지실 때 제일 가운데 위치하셨다. 가운데 자리는 중요한 자리 아닌가? 무엇이 중요하다는 말인가? 죄가 가장 중해서 중요하다는 말이다. 누구의 죄인가? 바로 우리 자신의 죄이다. 따라서 누가 예수님을 죽였는가의 질문은 부질없는 것인지도 모른다.

"예수님은 실로 나의 질고를 지고 나의 슬픔을 당하였거늘 나는 생각하기를
예수님은 벌을 받아 하나님께 맞으며 고난을 당한다 하였노라,
예수님이 찔림은 나의 허물 때문이요, 예수님이 상함은 나의 죄악 때문이라,

예수님이 징계를 받으므로 나는 평화를 누리고 예수님이 채찍에 맞으므로 나는 나음을 받았도다. 나는 양 같아서 그릇 행하여 제 갈 길로 갔거늘 여호와께서는 나의 죄악을 예수님에게 담당시키셨도다"(사 53:4~6)

어떻게 우리는 이런 고백을 할 수 있을까? 우리는 그 당시에 살지도 않았는데, 그것은 성령이 역사하시기 때문이다. 유대인들도 예수님을 죽였다. 그러나 우리가 그들을 정죄해서는 안 된다. 그것은 예수님을 영접하는데 방해가 될 뿐이다. 그들에게 성령이 임하면 스스로가 고백할 것이다. 그들을 정죄하지 않고 성령이 임하도록 기도하는 것, 그것이 우리가 해야 할 일일 것이다.

반유대주의의 등장

AD 70년, 예루살렘이 함락되고 성전이 파괴됨으로써 세계 지도에서 이스라엘이라는 나라가 없어지게 되었다. 그리고 유대교인들에게는 예수를 죽인 사람들이라는 낙인이 찍히게 되었다. 더 중요한 것은 이제 그들은 하나님이 포기한 민족이라는 고정관념이 서서히 뿌리 내리기 시작한 것이다.

지구상에서 이스라엘이라는 나라가 없어졌으니 성경에 나오는 '이스라엘'을 어떻게 해석해야 할지 문제가 생겼다. 그래서 많은 교회 지도자들이 반유대주의적 연설을 하고 글을 쓰게 되었다.

저스틴 마르트(100~165년)는 "유대인과 맺으신 하나님의 계약은 이제 더 이상 효력이 없고, 이방인들이 하나님의 구속적 계획 안에서 유대인들을 대신한다"고 주장했다.

2세기 초 안디옥교회의 장로였던 이그나티우스는 "유대인들과 유월절 축제를 함께 지내거나 유대 절기의 표상을 받아들이는 사람은 누구나 주님과 제자들을 죽인 사람들의 공범자"라고 글을 썼다.

가장 중요한 기독교 저술가 중의 한 사람인 터툴리안(160~220)은 '유대인을 반대하며'라는 책에서 예수님의 죽음 때문에 유대 민족 전체를 비난했다.

오리겐(185~253)은 그리스 철학의 해석법인 비유법을 도입하여 이제 육적 이스라엘이 없어졌으니 교회가 영적 이스라엘로서 '하나님의 참 이스라엘'이라는 발상을 최초로 도입하게 된다. 그래서 그는 심판과 저주의 구절은 이스라엘에게 적용시키고, 축복 구절은 교회에 적용시켜 나갔다.

한편 오리겐의 이러한 사상을 물려받은 유명한 교회 역사가인 유세비우스(263~339)는 로마가 기독교를 국교로 공인할 때 콘스탄티누스 황제의 친구이자 조언자로서 반유대주의 사상이 로마의 국가 정책으로 뿌리내리게 되는 데 큰 역할을 하게 된다.

이 시점부터 등장하는 반유대주의는 비잔틴시대에 로마가 기독교를 국교로 삼으면서 더욱 심화되고, 이후 시대로 갈수록 그 강도가 더해져 십자군 전쟁과 600만 유대인 학살 등으로 이어지게 된다.

초대교회 교부들의 반유대주의

저스틴 마르터 (AD 100~165년)	유대인과 맺으신 하나님의 계약은 이제 더 이상 효력이 없고 이방인들이 하나님의 구속적 계획 안에서 유대인들을 대신한다.
이그나티우스 (2세기)	유대인들과 유월절 축제를 함께 지내거나 유대 절기의 표상을 받아들이는 사람은 누구나 주님과 제자들을 죽인 사람들의 공범자다.
터툴리안 (AD 160~220년)	유명한 기독교 저술가로 '유대인을 반대하며' 책 저술 → 예수님의 죽음 때문에 유대 민족 전체를 비난
오리겐 (AD 185~253년)	교회가 이스라엘을 대신한 '하나님의 참 이스라엘'이라는 발상을 최초로 함 → 심판/저주 구절은 이스라엘에 적용, 축복 구절은 교회에 적용 → 반유대주의 토대 ※오리겐 : 철학/ 신학의 대가, 헬라 철학의 해석방법인 '비유법'을 성경해석에 도입
유세비우스 (AD 263~339년)	오리겐의 열렬한 추종자이며, 콘스탄티누스 황제의 친구이자 조언가로 반유대주의 사상이 로마의 국가 정책으로 뿌리내리도록 함

2과 _ 비잔틴 시대

비잔틴 시대란? 로마 제국의 수도가 로마에서 비잔틴(지금의 터키 이스탄불 지역)으로 옮겨진데서 비롯된 것이다(330년). 로마의 콘스탄티누스 황제는 확장되어 가는 로마 제국을 효율적으로 통치

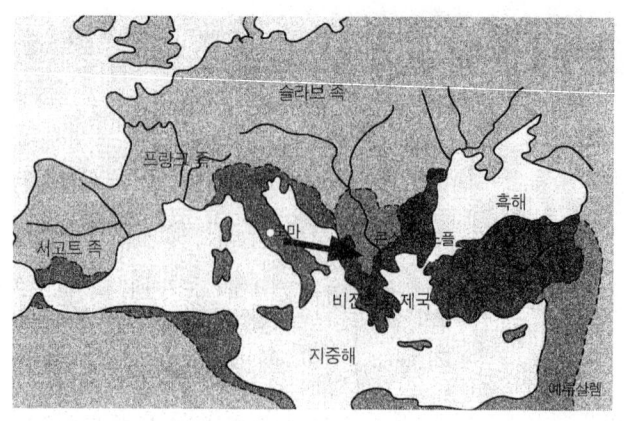

하고, 로마 제국의 수도를 성지에 좀 더 가까운 곳에 두고자 수도를 비잔틴으로 옮겼다.

비잔틴 시대는 기독교에 있어서 획기적인 전환이 되는 시기이다. 그동안 기독교는 많은 박해를 받아왔는데, 313년에 콘스탄티누스 황제가 기독교를 로마의 국교로 공인하고 392년에는 정식국교가 됨으로써 기독교인들이 박해에서 벗어나 자유롭게 신앙생활을 할 수 있게 되었기 때문이다.

〈콘스탄티누스〉

기독교인에 대한 박해는, 64년에 로마에 대규모 화재가 나자 네로 황제가 기독교인들을 방화범으로 몰아 조직적으로 박해한 것에서부터 시작되었다. 기독교인들이 로마 황제를 숭배하지 않는다는 이유로, 로마의 불행과 쇠퇴는 기독교인 때문이라는 이유 등으로 로마 황제들은 기독교인들이 신앙을 포기하도록 강요하고 생업을 방해했으며, 추방, 화형, 십자가형, 맹수의 먹이가 되도록 하는 등의 참혹한 박해를 가했다.

◆ 로마 제국의 10대 기독교 박해(초대교회 약 250년 간(AD 60~313년경) 진행 ◆

원인
- 64년 로마 화재 책임 → 기독교인
- 황제숭배 거부
- 로마의 불행은 기독교 때문

방법
- 기독교를 포기하도록 함
- 추방, 생업 및 직업 방해
- 십자가형/화형/참수형/맹수먹이

구분	연도	황제	주요 박해 내용
1	54~68	네로	- 64년 로마 대화재의 책임을 기독교인에게 돌려, 맹견/사자의 밥이 되게 함 - 로마 황제의 정원을 밝힐 정도로 기독교인을 불태움
2	81~96	도미티안	- 자신을 신격화하여 섬기도록 했으나 절하지 않는다는 이유로 박해
3	98~117	트라야누스	- 기독교를 불법종교로 간주, 기독교인 판명시 처형
4	117~138	하드리안	- 기독교를 믿는 것은 국법을 어기는 것이라며 박해
5	161~180	마르쿠스 아우렐리우스	- 기독교를 미신 취급, 국가 재해나 질병원인을 기독교 때문으로 돌림
6	191~211	셉티미우스 세베루스	- 기독교 입교 금지
7	235~288	막시미누스	- 성직자 처형, 기독교 지도자 투옥
8	240~251	데키우스	- 기독교 때문에 로마가 쇠퇴해진다며 전국가적으로 금지, 박해
9	253~260	발레리아누스	- 국난과 흉년이 지속되자 기독교인들 때문에 신들이 분노한다며 박해
10	284~305	디오클레시안	- 싱경 압수, 성직자 투옥, 교회 파괴, 아폴로 신전 제사 강요

그러나 로마의 기독교 공인으로 기독교는 불법적인 종교에서 하루 아침에 많은 특혜를 누리는 합법적 종교로 변경되었다. 콘스탄티누스 황제는 새로운 교회 건축에 많은 지원을 했고, 유력한 인물들이 개종할 때는 포상과 영예를 베풀기도 했다. 크리스천이 되는 것이 정치적·사회적으로 이득이 되었기 때문에 형식적인 개종자가 많이 늘기도 했다. 그리고 로마의 공휴일을 일요일로 선포해 일요일에 쉬며 예배드릴 수 있도록 했다.

기독교의 이방화

로마의 기독교 공인은 오랫동안 박해를 받아왔던 기독교인들에게 있어서는 정말 획기적인 변화였다. 그러나 얻은 것이 있는 만큼 잃은 것도 많았다. 기독교가 이방화되어 갔던 것이다. 이것은 예배 방식과 교회문화 등에 있어 그동안 지켜오던 유대적 유산을 버리고 이방문화를 받아들이게 된 것을 말한다.

대표적인 것이 부활절이다. 부활절은 유월절로부터 3일째 되는 날이다. 하지만 콘스탄티누스 황제는 유대인들의 명절인 유월절에 예수님의 죽음과 부활을 기념하는 것이 거슬렸다. 그래서 그는 부활절 날짜를 이교도들의 풍요와 사랑의 여신인 '이스터'에게 제사하는 절기인 '이스터' 축제에 맞추어 버린다. 그 날짜가 오늘날 우리가 부활절로 지키고 있는 춘분(3월 20일 전후)이 지나 첫 번째 보름이 있는 주간의 일요일이다. 부활절이 영어로 Easter(이스터)이다. 예수님이 부활하신 날의 이름이 이방 여신 '이스터'의 이름으로 불리고 있는 것이다. 그리고 풍요의 여신을 기념하는 이 축제의 상징이 달걀이었다. 그들은 달걀로 장식을 하고 선물로 주고 받았는데 오늘날 우리도 그 관습을 그대로 이어받고 있다.

성탄절에 대해서도 의견이 분분하지만, 가장 유력한 견해는 고대 로마제국이 지키던 동짓날에서 유래되었다고 한다. 로마인들은 12월 24일부터 이듬해 1월 6일까지 동지 축제를 가졌는데, 일 년 중 낮이 짧고 밤이 가장 긴 동지(冬至)라는 흑암 가운데 참빛이신 예수님이 세상으로 오셨다고 해서 12월 25일을 성탄으로 정했다는 것이다.

콘스탄티누스 황제는 예수님을 죽인 유대인들과의 공통점을 모두 없애야 한다고 생각했으며 유대 풍습을 따르는 것을 무가치한 일로 여겼다. 그래서 유월절, 오순절, 초막절과 같은 절기들을 지키는 것도 금지시켰다.

이처럼 로마의 기독교 국교화는 기독교를 그 유대적 뿌리로부터 단절되도록 했다. 사탄의 특징은 분열시키는 것이다. 아마도 기독교 역사상 가장 큰 분열이 있다면 그것은 처음에는 유대교의 한 분파로 시작되었던 기독교가 그 뿌리인 유대교로부터 완전히 분열된 것일 것이다. 이러한 기독교의 이방화로 인해 기독교는 그 유대적 뿌리로부터 분열되었고, 유대인들은 예수님으로부터 분열되고 말았다.

분명한 것은 초대교회는 유대 전통과 유대인이신 예수님 둘 다를 받아들이는데 전혀 문제가 없었다는 점이다("유대인 중에 믿는 자 수만 명이 있으니 다 율법에 열성을 가진 자라"〈행 21:20〉). 콘스탄티누스는 예수 안에 있는 새 생명을 체험하지 못하고 종교만 바꾸었는지도 모른다.

이런 역사적 사건으로 인해 우리는 로마의 국교화로 유대적 전통이 단절된 교회의 전통들에 익숙하다. 중요한 것은 유대적 뿌리가 잘린 이방화된 교회가 아니라, 하나님께서 의도하신 교회의 회복이다. 그 원형이 사도행전에 나오는 초대교회들이다.

기독교가 로마의 국교가 되면서 잃어버리게 된 믿음의 유대적 유산, 즉 초대교회를 회복하는 것이 이 시대에 절실히 필요하다. 그것이야말로 이 시대에 교회들이 '죽은 자 가운데서 살아나는' 새로운 원동력이 될 것이며, 진정한 부흥이 될 것이다.

대표적으로 성경에 나오는 절기들의 경우 크리스천에게 명령된 것은 아니지만 지킨다면 하나님의 구원과 임재를 경험할 수 있는 축복의 선물이 될 것이다. 중요한 것은 이러한 것이 구원의 수단은 아니며, 또한 율법주의로 돌아가자는 것도 아니다. 구원은 오직 예수 그리스도에게 있다. 절기를 지키는 것이 구약시대만 필요했던 것이거나 이스라엘 백성들만을 위한 것이 아니라, 어느 시대 누구나 그것을 지키면 하나님을 더 깊이 경험할 수 있을 것이다. 그래서 성경은 절기를 유대인의 절기라고 하지 않고 '여호와의 절기'(레 23:2)라고 한다.

◆ 하나님의 시간표, 여호와의 절기(출 23장) ◆

양력	유대력	여호와의 절기	비고
3~4월	1월 (니산월/아빕월)	- 유월절(14일) - 무교절(15일~21일, 7일) - 초실절	신앙력으로 신년 (신년으로 거의 지키지 않고 유월절 명절로만 크게 지킴)
4~5월	2월 (이야르월/시브월)		
5~6월	3월(시완월)	- 오순절(맥추절, 칠칠절): 유월절 이후 50일째	

6~7월	4월(타므즈월)		
7~8월	5월(아브월)		
8~9월	6월(엘룰월)		

9~10월	7월
	(티쉬리월/에다님월)
		- 나팔절(1일)
		- 대속죄일(10일)
		- 초막절(장막절, 수장절) :
		  (15일~21일,7일)
			민간력으로 신년
			* 전 세계의 1월 1일은
			  평일 취급

10~11월	8월(해쉬반월/불월)		
11~12월	9월(기슬로월)	- 수전절(25일부터 8일간)	
12~1월	10월(데벳월)		
1~2월	11월(스밧월)		
2~3월	12월(아달월)	- 부림절(14일)	

※ 이스라엘 백성들이 바벨론 포로로 잡혀갔다 돌아오면서 월의 이름이 아빕월→니산월, 시브월→이야르월, 에다님월→티쉬리월, 불월→헤쉬반월로 바뀌었으며, 나머지 이름은 그대로 사용됨

❖ 구약시대 7대 절기의 상징 ❖

구분	절기 및 상징	구분	절기 및 상징
과거와 현재 일 (봄의 절기)	유월절 : 예수님의 죽음 무교절 : 예수님과 친교 초실절 : 예수님의 부활 오순절 : 성령 강림	미래 일 (가을의 절기)	나팔절 : 예수님의 재림 속죄일 : 예수님의 심판 초막절 : 천년왕국

※ 이스라엘의 3대절기 : 유월절, 오순절, 초막절

반유대주의의 심화

앞서 로마시대부터 등장한 반유대주의는 비잔틴 시대에 로마가 기독교를 국교로 선포하면서 더욱 심화된다. 기독교는 합법종교가 된 반면 유대교는 불법종교로 전락하게 되자, 이제 유대교인들은 기독교로 개종해야만 했다.

그러나 콘스탄티누스 황제는 유대인들이 기독교를 개종할 경우에 율법, 절기, 할례, 관습 등 유대적 전통들을 모두 포기하도록 강요했다. 기독교의 주도권이 유대인에서 이방인에게로 넘어가게 된 것이다. 그러나 사복음서나 사도행전을 보면 기독교는 처음에 유대인들로 시작되었다는 것을 알 수 있다.

수많은 유대인 무리가 예수님을 따랐고, 사도행전에도 삼천 명, 오천 명, 수만 명이나 되는 유대인들이 율법을 준수하며(행 21:20) 예수님을 믿고 성령도 받은 것을 알 수 있다. 하지만 이제 그들은 유대적 전통을 버려야 했다.

그러나 성경은 결코 절기를 잊어버리고 지키지 말라고 말씀하지 않고 있다. 구원받은 남자는 계속 남자로 살고, 구원받은 여자는 계속 여자로 살듯이 구원받은 유대인은 계속 절기를 지키며 유대인으로 살면 되는 것이다.

루터는 유대인들이 기독교로 개종하지 않자 「유대인들과 그들의 거짓말에 관하여」라는 책을 써서 반유대주의에 앞장섰으며, 히틀러는 루터의 이러한 사상을 그대로 이어 받아 600만 대학살을 자행했다.

반유대주의의 심화

콘스탄티누스(272~337)

- 기독교를 로마의 국교로 공인(313년) / 정식 국교(392년)
- 유대인을 경멸하고 차별하는 것이 기독교인의 태도라고 선언
  - AD 339년 : 유대교로 개종하는 것을 범죄로 취급
  - 예수님 믿으면 할례, 율법, 절기, 의식, 관습 등 유대 전통을 포기하도록 강요

루터(1483~1546)

- 독일인, 1517년 독일 종교개혁
- '유대인들과 그들의 거짓말에 관하여' (1543년)
  - 회당은 불태우고, 집들은 무너뜨리고, 기도책과 탈무드는 몰수해야 한다.
  - 랍비는 더 이상 가르치지 못하도록 하고 어길 때는 처형한다.
  - 통행권 박탈, 고리대금업 금지, 강제노동 부과 등
- 루터의 반유대주의를 히틀러가 그대로 이어 받음

당시 가장 위대한 설교자로 '황금의 입'이라는 별명을 가졌던 요한 크리소스톰(344~407년)은 유대인들을 격렬하게 비난하는 설교를 여덟 번 연이어 하며 "하나님은 항상 유대인들을 미워하셨다"고 말했고, 유대인들을 미워하는 것이 그리스도인들의 의무라고 했다. 그는 이렇게 설교했다. "유대인들은 음탕하고 탐욕스럽고 욕심 많고 불성실한 악당들이며, 상습적인 살인자들이고, 파괴자들이며, 악마에 붙잡힌 자들이다. 또한 방탕과 술취함으로 탐욕스런 돼지와 염소같이 변했다. 그들은 오직 한 가지만 알고 있다. 배를 채우고, 술 마시며, 서로 물어뜯어 죽이는 것이다. 하나님은 너희를 증오한다(God hates you!)."

위대한 성경학자인 제롬(345~420년)은 "유대인들은 성경을 이해할 능력이 없고, 그들이 참된 신앙을 고백할 때까지는 가혹하게 핍박해야 한다"고 주장했다.

탁월한 신학자인 어거스틴(354~430년)은 "유대인들이 죽는 것이 마땅하지만, 대신 천벌을 받은 증인으로서, 그리고 교회가 회당을 이겼다는 승리를 증거하는 증인으로서 지구 위를 떠돌아다니도록 운명지워졌다"라고 말했다.

루터, 요한 크리소스톰, 제롬, 어거스틴 모두 다 위대한 신앙의 인물들이다. 하지만 이들이 예수님을 죽인 민족이라는 이유로, 그리고 유대인들이 기독교로 개종하지 않는다는 이유로 반유대주의적인 사상을 갖게 되었으며 오늘날까지 영향을 미치고 있다.

성지의 회복

콘스탄티누스가 기독교의 유대적 유산을 단절시킨 측면은 있지만, 그는 기독교 부흥의 문을 열었을 뿐만 아니라 성지 이스라엘에도 많은 변화를 가져왔다. 기독교가 박해를 받던 시대에는 이스라엘 땅에 교회 건물을 세울 수가 없었다. 그러나 313년 기독교가 공인된 이후에는 비로소 성지 이스라엘에 기념교회를 세우는 것이 가능했다.

콘스탄티누스 황제의 뒤에는 신앙이 두터웠던 어머니 헬레나 황후가 있었다. 헬레나 황후는 기독교가 공인되자 70세라는 고령의 나이에도 불구하고 성지를 찾아 많은 교회를 건축했다.

가장 먼저 세운 교회가 예루살렘 골고다 언덕위에 세워진 '성묘교회'이다(330년대). 예수님께서 십자가 고난을 당하신 골고다 언덕과 빈 무덤이 있던 자리에 로마 제국이 세운 비너스 여신을 위한 신전과 주피터 신상을 없애고 '성묘교회'를 건축한 것이다.

〈성묘교회〉

그리고 예수님께서 탄생하신 장소에 로마인들이 세웠던 아도니스 신전을 없애고 예수님 탄생교회를 세웠으며, 올리브산에 있는 주기도문교회와 나사렛에 있는 마리아 수태고지교회도 세웠다. 비잔틴시대 건축양식의 특색은 교회 바닥에 모자이크로 채색한 것이다.

〈예수님 탄생기념교회〉

이처럼 비잔틴시대는 기독교가 로마의 국교가 되면서 기독교인들이 참혹한 박해에서 해방되었고 기독교가 확산, 부흥하는 시기였다. 또한 성지 이스라엘에 기념교회가 세워지는 등 성지도 회복되었다. 그러나 한편으로는 기독교가

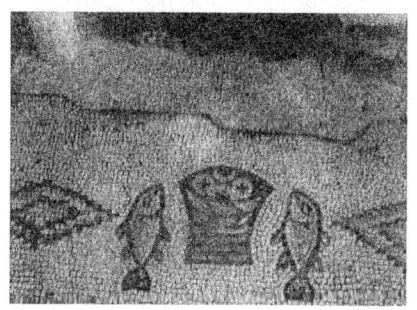

〈오병이어 모자이크〉

국가와 혼합됨으로써 교회가 성경적, 유대적 뿌리에서 멀어지게 되어 부활절 날짜가 이교도의 절기에 맞춰지게 되는 등 기독교가 이 방화되어 나가는 시기이기도 했다.

3과 _ 이슬람(페르시아) 지배

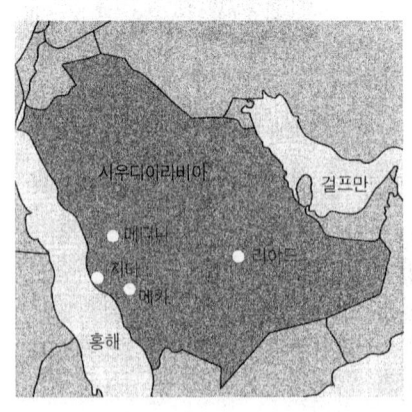

638년부터 이스라엘 땅은 이슬람교도(무슬림)들이 지배하게 된다. 기독교와 유대교의 갈등, 즉 예수님을 믿느냐 믿지 않느냐의 갈등에 전혀 새로운 차원의 종교가 이스라엘 땅에 들어오게 된 것이다.

이슬람교는 무하마드(아랍어식 표기이며, 영어식 표기는 '마호메트', 570년에 사우디아라비아의 메카에서 출생)가 사우디아라비아의 메카근교 동굴에서 명상을 하던 중 알라신의 계시를 받아 만든 종교이다. 그러나 메카에서는 성공하지 못하고, 622년에 메디나로 옮겨 포교활동에 성공을 하게 된다. 그래서 622년을 이슬람교의 원년으로 '헤지라'라고 한다. 이슬람교의 경전은 '코란'이며, '알라 외에는 다른 신이 없다'는 유일 신앙을 가지고 있다.

무슬림들은(이슬람교를 믿는 사람들을 뜻하는 아랍어 표기, 영어식 표기는 '모슬렘') 성경은 변질된 것이라고 주장한다. 그리고 예수님을 구원자가 아닌 한 명의 '선지자' 정도로 볼 뿐이다. 그래서 예수님이 하나님의 아들이신 것을 인정하지 않고 삼위일체와 예수님의 신성, 성육신도 부인한다. 또한 예수님이 십자가에서 죽지 않았다고 한다. '대체수난설'이라고 해서 예수님께서 십자가에 달리실 때 제자 중 한명이 대신해서 십자가에 못 박혀 죽었다고 믿는 것이다.

이슬람교는 기독교, 천주교와 함께 세계 3대 종교 중 하나이다. 아래 그림에서 보듯이 무슬림은 약 15억 명으로 가장 많다. 다음으로 가톨릭이 약 11억 명, 개신교가 약 8억 명이다.

이슬람교는 다자녀 출산과 타종교로 개종 불가라는 정책에 힘입어 신도 수가 날로 증가하고 있으며, 강력한 선교 활동으로 한국에 침투하고 있다.

이슬람교가 이스라엘을 지배하면서 나타난 가장 큰 변화는 예루살렘 성전산 위에 '황금돔 사원'을 건축한 것이다 (691년). 무하마드가 승

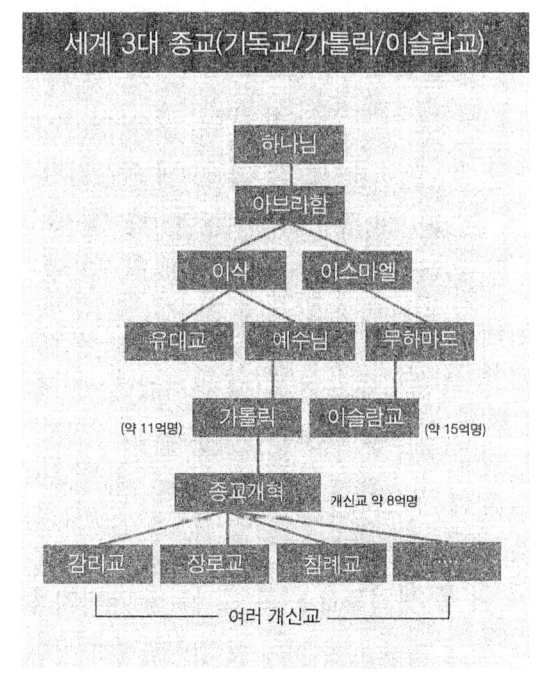

〈성전산의 황금돔 이슬람 사원〉

천할 때 밟았다는 바위가 그 안에 있기도 하다. 그리고 그가 승천하기 전에 백마를 타고 왔다는 자리에는 '엘 악사 사원'을 건축하였다 (715년). 황금돔 사원 바로 옆에 위치하고 있다.

성전산이 어떤 산인가? 유대교, 기독교, 이슬람교 세 종교가 다 양보할 수 없는 성지중의 성지이다. 유대인들은 성전산 지역을 '지구의 배꼽'으로 여기며 세상의 중심이라고 생각한다. 기독교인들에게 있어 성전산은 예수님의 사역의 중심지이다. 예수님은 성전산에 있는 예루살렘 성전에서 가르치셨고 성전을 청결하게 하셨다.

또한 유대교와 기독교의 공통적인 중요점으로는 아브라함이 이삭을 바치려 했던 장소인 모리아산이 성전산이며, 제1성전(솔로몬 성전, BC 960년 건축)과 제2성전(BC 516년 건축)이 있던 장소가 성전산이다. 성전산은 이슬람교도에게도 양보할 수 없는 성지이다. 무슬림들은 이스마엘을 바쳤던 곳, 무하마드가 승천한 장소가 성전산이라고 주장하기 때문이다.

이스라엘 땅을 이슬람이 지배하기 시작하면서 무슬림들은, 성전산에 이슬람 사원을 지었을 뿐만 아니라, 비잔틴시대에 세워졌던 많은 기독교 교회를 파괴하는 반기독교적 행동을 서슴치 않았다. 이러한 성지 파괴 소식이 유럽의 기독교인들에게 전해지자 그들은 성지를 탈환해야 한다는 목표로 십자군을 형성하기 시작했다.

참고로 미국 오바마 대통령이 향후 대이슬람 관계를 어떻게 전개해 나갈지 영적 분별력과 통찰력을 가져야 할 것이다.

東亞日報　　　　　　　　　　　　　2009년 04월 08일 수요일 A19면 국제

오바마 화끈한 '이슬람 껴안기'

"회교권과 적대할 생각 없다" 터키의회서 연설
"美, 기독교 국가 아니다" 발언에 美보수파 반발

귀국길 이라크 전격 방문
버락 오바마 미국 대통령이 7일 유럽순방을 마치고 귀국길에 취임 후 처음 이라크를 전격 방문했다. 이라크 주둔 최고 사령관인 레이 오디에노 장군으로부터 설명을 듣고 있는 모습. 바그다드=AP 연합뉴스

터키를 방문 중인 버락 오바마 미국 대통령은 6일 터키 의회 연설에서 "미국은 이슬람과 전쟁 중이지 않으며 앞으로도 그럴 것"이라고 말해 적극적인 화해의 메시지를 전했다.

이날 이슬람계 CNN으로 불리는 알자지라와 알아라비아 방송으로 생중계된 이 연설에서 오바마 대통령은 "수백 년에 걸쳐 좀 더 나은 세계를 만드는 데 기여해 온 이슬람 신앙에 깊은 감사를 전한다"며 "미국은 이슬람계 미국인에 의해 더 부유해졌다"고 말했다.

중간 이름이 '후세인'인 그는 "미국 내에 많은 이슬람 가정이 있고 많은 미국인이 이슬람 국가에 살고 있으며 나도 그중 한 명"이라면서 "미국은 스스로를 기독교 국가도, 유대교 국가도, 이슬람 국가도 아니라고 여기고 있으며 이게 바로 미국의 장점"이라고 말하기도 했다. 이어 "모든 종교인이 거부하는 과격 이데올로기를 격멸하려면 미국과 이슬람 세계의 협력이 매우 중요하다"고 덧붙였다.

7일 이슬람 미술 기념관에서 터키 대학생들과 만난 자리에서도 "미국과 이슬람 세계의 관계를 재건해야 한다는 굳은 신념에 따라 터키에 왔다"고 분명히 밝혔다.

한편 오바마 대통령의 "미국은 기독교 국가가 아니다"라는 발언과 관련해 미국 내 보수파는 "미국을 비롯한 서방 세계의 문명은 기독교에 뿌리를 두고 있다는 게 자명한데 이를 부정했다"며 반발했다. 보수 성향의 폭스뉴스는 "최고 분열조장자(divider-in-chief)"라고 직격탄을 날렸다.

7일 오바마 대통령은 유럽 순방을 마치고 귀국길에 취임 후 처음으로 이라크를 불시 방문했다. 백악관은 미군 사령관 등을 만날 계획이라고 밝혔다. 대통령 도착 수 시간 전 수도 바그다드에서는 차량 폭탄 테러가 발생했다고 AP통신은 전했다.

워싱턴=하태원 특파원 triplets@donga.com

4과 _ 십자군 지배

성지의 기독교가 무슬림들에게 위협당하는 상황에 처하게 되자 로마 교황 우르반 2세는 1095년 11월 프랑스의 클레르몽에서 공의회를 개최한다. 그는 이슬람 세력의 확장을 막고 성지 탈환이라는 목표를 내걸고 "이것은 하나님이 원하신다"라고 외치며 십자군

〈십자군〉

의 결성을 촉구한다. '십자군'이라고 부르는 이유는 유럽의 그리스도인들이 가슴과 방패에 십자가 표시를 했기 때문이다.

당시는 모병제가 없었다. 그래서 병력을 동원하기 위해 농노들에게 자유를 주고, 범죄자들을 석방시키고, 죄인들에게는 사면을 베푸는 조치를 취했다. 그리고 교황 우르반 2세는 이슬람과의 싸움이 성전(聖戰)이고 전사하면 천국에서 보상받을 수 있다고 강조했다. 또한 동방에는 많은 금은보화가 있음을 강조하여 사람들의 이기심을 충동하기도 했다.

따라서 십자군에 지원한 사람들은 성지를 이교도의 손에서 해방시키고 예루살렘을 성지로 지키려는 신앙심 깊은 사람들도 있었으나, 대부분은 물질에 대한 탐욕 등으로 지원한 형식적인 신자들이었다. 십자군은 1096년부터 1291년까지 총 8차례 출정했다.

1099년, 마침내 십자군은 예루살렘을 탈환하는데 성공하게 된다. 그러나 이때 '십자군이 성지탈환'이라는 명분을 걸고 공격하면서 많은 무슬림들을 죽일 뿐만 아니라, 유대인들도 무참히 죽이거나 노예로 끌고 가게 된다. 심지어 회당 안에 있는 유대인들을 모조리 불태워 죽이는 일도 서슴치 않았다. 당시 예루살렘에 30여만 명이 살았는데 299,000여명이나 죽었다고 한다. 십자가가 사랑이 아니라 칼임을 보여준 것이다.

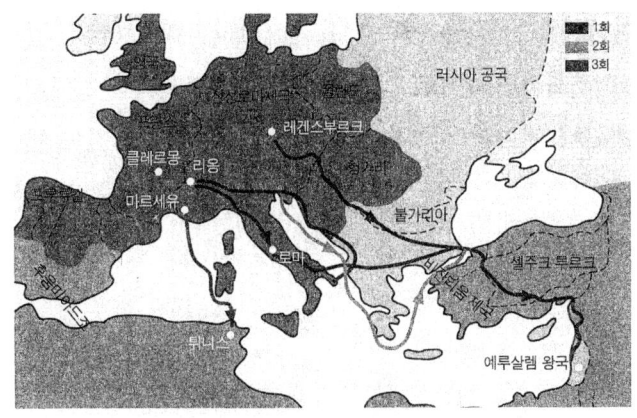

〈십자군의 지배〉

    이러한 유럽 기독교인들의 핍박과 공격은 유대인들이 기독교와 십자가에서 멀어지게 했을 뿐만 아니라 뿌리 깊은 증오심을 갖게 했다. 이때 이스라엘 백성이 십자군에 의해 받은 상처가 얼마나 컸던지 그들은 지금도 여전히 적십자 기호로 +를 사용하지 않으며, 덧셈 기호도 +를 사용하지 않고 ㅗ을 사용하고 있다. 4자도 +가 그려지지 않도록 쓴다.

    이스라엘 백성들이 예수님을 믿지 않는 큰 이유 중 하나가 십자가가 용서와 사랑이 아니라, 칼로 경험되게 한 그리스도인들의 잘못 때문임을 결코 부인해서는 안 될 것이다. 비록 십자군의 활동이 성지를 훼손하는 무슬림들을 몰아내기 위한 동기가 있긴 했지만, 그 과정에서 이스라엘 백성들을 무참히 죽이는 일을 자행한 것은 십자가의 이름으로 큰 과오를 자행한 것이다.

    개신교 신자의 입장에서 보면 십자군은 천주교의 책임이 아닌가 하고 반문할 수도 있을 것이다. 그러나 중요한 것은 상처받은 자의 입장이다. 유대인들은 천주교나 개신교의 상처를 받은 것이 아니라, 그리스도의 이름으로 십자가의 상처를 받았다는 것이다.

이스라엘 선교의 시작은 이 상처의 치유가 접촉점이 될 것으로 생각한다. 그 해결책은 십자가가 과거에 잘못 보여준 것과 같은 무력이 아니라 사랑임을 꾸준히 보여주는 것이다.

5과 _ 이집트 맘루크 왕조 지배

사전적으로 맘루크는 '남자 노예'라는 뜻이다. 이집트에서 큰 힘을 발휘하고 있던 터키족 출신의 노예들인 맘루크 왕조가 이스라엘을 약 226년간 지배하게 된다.

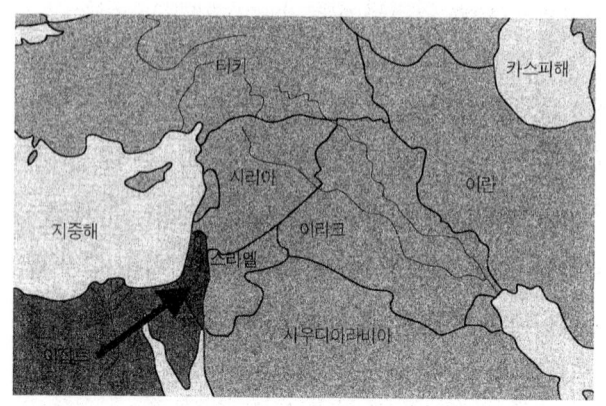

〈이집트의 이스라엘 지배〉

이 시기에 전 세계 열방으로 흩어졌던 유대인들은 그 나라들에서 쫓겨나는 일을 겪게 된다. 1290년에는 영국에서 유대인들을 일시에 모두 추방하자 바다에 빠져 죽은 일이 발생하기도 했다. 셰익스피어(1564~1616년)시대 300년 전에 이미 영국에서는 유대인들이 다 쫓겨나고 없었지만 그의 작품 베니스의 상인에는 유대인에 대한 좋지 않은 묘사들이 나온다.

1492년에는 스페인에서 대규모 유대인 추방이 일어난다. 스페인은 당시 강력한 힘을 가진 가톨릭 국가로서 유대인들에게 스페인에서 계속 살고 싶으면 기독교로 개종하라고 했다. 그렇지 않을 경우에는 강제 추방을 했다.

설령 유대인들이 기독교로 강제 개종을 한다고 해도 안식일이나 절기 등을 지키면 거짓으로 개종했다며 종교재판을 해서는 화형을 하거나 성벽에 매달아 죽이는 일을 서슴치 않았다. 나름대로 살아 보겠다고 개종을 했으나 불합리한 종교재판을 통해 무참히 죽였던 것이다.

1306년에는 프랑스에서, 1350년에는 독일에서, 1497년에는 포르투갈에서, 1515년에는 터키 제국에서 유대인을 추방했으며 이후 1881년에는 독일에서 학살이 시작되어 제2차 세계대전 중의 600만 대학살로 이어지게 된다.

대학살(Holocaust)의 연구로 유명한 학자인 롤 힐버그(Raul Hilberg)는 「유럽 유대인의 화멸」이라는 책에서 다음과 같이 묘사히고 있다.

"AD 4세기 이후 세 가지 유형의 반유대주의 정책이 있었다. 그

것은 (강제적인)개종, 추방, 멸절이었다. 이 세 가지 중에 두 번째는 첫 번째가 실패했을 때 나타났고, 세 번째는 두 번째가 잘 되지 않았을 때 나타났다. 기독교 선교사들은 유대인들에게 대하여 말하기를 '너희들은 유대인으로서 우리들 사이에 살 권리가 없다' 라고 했고, 이러한 주장을 따랐던 세속의 지도자들은 선언하기를 '너희들은 우리들 가운데 살 권리가 없다' 라고 했다. 나치는 드디어 법령을 만들어 공포하기를 '너희들은 살 권리가 없다'고 했다."

이처럼 유대인들은 가는 곳마다 반유대주의에 부딪혀 끊임없는 박해와 학살, 배척을 당하면서 살아왔다.

6과 _ 오스만 터키 제국 지배

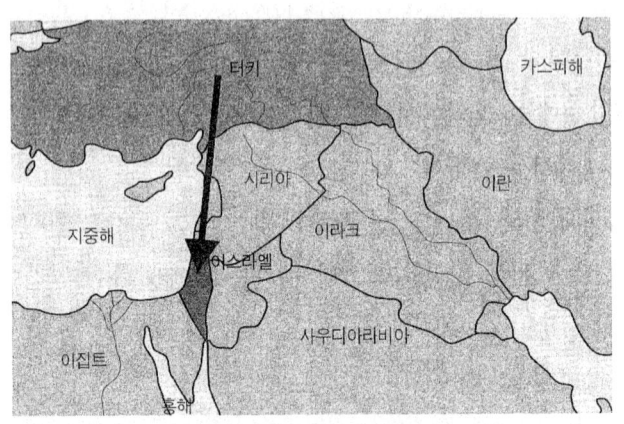

〈오스만 터키 제국의 이스라엘 지배〉

오스만 터키 제국은 오스만 가문을 왕가로 하여 현재 터키의 이스탄불을 수도로 정하고 지배했던 다민족 제국을 말한다. 이 제국은 1517년부터 1917년까지 약 400년간 이스라엘을 지배하게 된다.

오스만 터키 제국의 슐라이만 대제는 유대인들을 호의적으로 대했다. 그래서 유대인들의 생활이 개선되었을 뿐만 아니라, 이스라엘 땅으로 유대인들의 이주도 촉진되었다. 예루살렘 성벽과 성문을 건축하기도 했다.

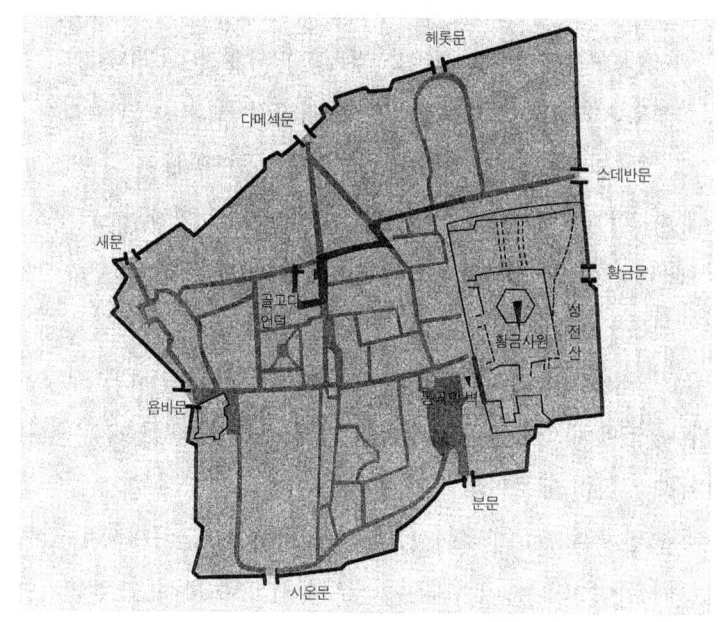

〈예루살렘 성벽과 성문〉

현재 예루살렘 있는 성벽은 1537~1542년 사이에 슐라이만 대제가 세운 것으로 길이 약 6km, 높이 평균 12m 정도 되는 견고한 성벽이다.

예루살렘성 성문은 8개가 있다. 가장 중요한 문은 예루살렘 성전이 있던 자리의 동쪽에 위치하고 있는 황금문이다. 호화롭게 꾸며졌기 때문에 황금문이라고 한다. 이 문은 현재 굳게 닫혀있다. 그 이유는 유대인들은 에스겔 44장 1~3절의 말씀대로 하나님께서 그 문으로 들어오셨고 메시야가 올 때 이 문이 열릴 것이라고 믿고 있기 때문이다.

"그가 나를 데리고 성소의 동쪽을 향한 바깥 문에 돌아오시니 그 문이 닫혔더라
여호와께서 내게 이르시되 이 문은 닫고 다시 열지 못할지니
아무도 그리로 들어오지 못할 것은 이스라엘 하나님 나 여호와가
그리로 들어왔음이라 그러므로 닫아 둘지니라
왕은 왕인 까닭에 안 길로 이 문 현관으로 들어와서 거기에 앉아서
나 여호와 앞에서 음식을 먹고 그 길로 나갈 것이니라"(겔 44:1~3)

황금문 근처와 올리브산 기슭에는 유난히 무덤이 많다. 그것은 마지막 날에 메시야가 출입할 황금문 가까이에 있는 무덤부터 부활할 것이라고 믿기 때문이다.

황금문 옆에는 스데반문이 있다. 스데반이 이 근처에서 순교했기 때문에 붙여진 이름이다. 스데반문은 사자문이라고도 한다. 전설에 의하면 슐라이만 대제의 꿈에 4마리아의 사자가 나타나 그를 삼키려고 했다. 이 꿈을 해몽한 사람은 슐라이만 대제가 예루살렘성을 허술하게 버려진 채로 두면 꿈에 나타난 사자들에 의해 죽임을 당할 것이라고 했다. 그러자 슐라이만 대제는 성벽을 건축하고

이를 기념하여 꿈에 나타났던 사자들을 문 양쪽에 한 쌍씩 조각해 놓았다고 한다.

헤롯문은 헤롯 안티파스의 궁전이 이 성문 근처에 있었기 때문이다. 다메섹문은 예루살렘 성문 중에서 가장 크고 아름다운 외양을 가진 문이다. 다메섹으로 가는 길이 이 문에서부터 시작되기 때문에 그렇게 이름 붙여졌다. 새문은 슐라이만 대제 때 만든 문이 아니고, 1887년에 새로 만든 문이라고 해서 새문이라고 한다. 욥바문은 예루살렘 성의 서쪽에 있는 유일한 문으로 지중해변에 있는 욥바항구에 이르는 길이 여기서부터 시작되기 때문에 그렇게 붙여진 이름이다. 시온문은 시온산으로 통하는 문이며, 1948년 독립전쟁 당시 아랍군인들이 쏜 수많은 총알 흔적이 남아있다. 분문은 예루살렘 성내에 있는 오물들을 이 문을 통해 버렸기 때문에 그렇게 부른다. 통곡의 벽과 유대인 지역을 쉽게 갈 수 있는 문이다.

오스만 터키 제국이 지배하던 시기에 이스라엘 백성들에게도 두 가지 획기적인 사건이 일어나게 된다. 하나는 알리야(이스라엘 땅으로의 이민)이고, 다른 하나는 독립국가 재건의 꿈이 싹트는 것이다.

국민 회복의 시작, 알리야(이민)

AD 70년, 로마에 의해 예루살렘이 함락됨으로써 이스라엘 백성들은 전 세계로 뿔뿔이 흩어졌다. 그들은 나라 잃은 백성으로서 온갖 설움과 조롱, 핍박, 추방을 당하며 평안함 없이 살아야만 했다.

그렇지만 나라가 망했어도 그 땅에서 유대인이 한 명도 살지 않은 적은 없었다. 대다수의 유대인들이 디아스포라 되어 살았으나 소수의 유대인들은 그 땅의 외진 곳에서 생활을 이어가며 동료 유대인들이 돌아오기를 기다리며 살아왔다. 언제나 그 땅에는 남은 자들이 있었던 것이다.

오스만 터키 제국이 지배를 시작하던 1500년대에는 약 1,000가구의 유대인이 이스라엘 땅에 살고 있었다. 그들은 이스라엘을 한 번도 떠나지 않은 유대인들과 북아프리카나 유럽 등에서 돌아온 사람들이었다.

이제 이 시점에서 '국민'의 회복이 시작된다. 나라가 건국되려면 세 가지 요소가 있어야 한다. 그것은 국민, 영토, 주권이다. 영토가 있고 주권이 있다고 하더라도 국민이 없으면 아무 소용이 없다.

하나님은 AD 70년 이스라엘 멸망 이후 전 세계로 흩어진 유대인들을 다시 불러 모으기 시작하신다. 이것을 '알리야'(히브리어로 '올라가다'는 뜻이며, 이스라엘로의 이민을 말한다)라고 한다. 흩어진지 무려 1800년 만에 모이기 시작하는 것이다.

1860년에는 예루살렘에 「예멘모세」라는 유대인 마을이 처음으로 생기며, 1875년에는 예루살렘 북서쪽 1Km 지점에 하시딤 마을이 세워진다. 그리고 1800년대부터 본격적인 알리야가 시작되어 전 세계에서 이스라엘 백성들이 돌아오는 사건이 일어난다.

"두려워하지 말라 내가 너와 함께 하며 네 자손을 동쪽에서부터 오게 하며
서쪽에서부터 너를 모을 것이며, 내가 북쪽에게 이르기를 내놓으라
남쪽에게 이르기를 가두어 두지 말라 내 아들들을 먼 곳에서 이끌며
내 딸들을 땅 끝에서 오게 하며 내 이름으로 불려지는 모든 자
곧 내가 내 영광을 위하여 창조한 자를 오게 하라
그를 내가 지었고 그를 내가 만들었느니라"(사 43:5~7)

알리야는 위의 이사야서 말씀대로 동쪽(이라크, 시리아, 이란, 인도, 중국 등)과 서쪽(유럽), 남쪽(예멘, 아프리카 등), 북쪽(러시아) 등 사방에서 지속된다. 말씀이 그대로 성취되는 것이다.

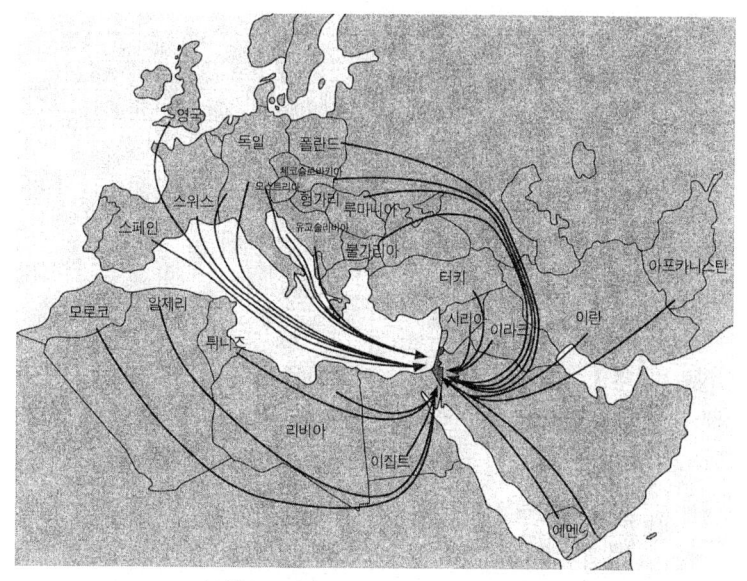

〈시온으로의 유대인 귀환(1948~1964년)〉

유대인의 이주민들은 아시케나짐(독일, 프랑스, 폴란드, 리투아니아, 러시아 등 유럽의 유대인들), 세파르딤(스페인, 포르투갈 등 남부 유럽과 북아프리카의 유대인들), 팔라샤(에티오피아 유대인), 오리엔탈리즘(동양계 유대인) 등으로 구분하며, 사브라 유대인은 이스라엘에서 태어난 유대인을 말한다.

◆ 전 세계로 부터의 알리야 물결 ◆

방향	나라/지역	연도	이민자수	비 고
서방, 북방, 남방	루마니아, 러시아, 예멘	1882~1903	27,500	
서방, 북방	폴란드, 러시아	1904~1914	35,000	키쉬네프 마을 등 집단 박해 원인
동방	중국	~1915	2,167	
서방, 북방	폴란드, 리투아니아,	1914~1918	35,000	제1차 세계대전 중(1914~1918)
	루마니아, 러시아	1924~1929	67,000	1917년 벨푸어 선언 이후
서방	독일	1929~1945	250,000 이상	1933년 독일 히틀러 집권 이후
서방	모로코	1948~1964	120,000	1948년 독립 이후
	알제리		3,500	
	튀니지		30,000	
	스페인		400	
	영국		2,000	
	프랑스		4,000	
	스위스		400	
	이탈리아		1,500	
	독일		9,000	
	오스트리아		3,000	
	유고슬라비아		3,000	
	헝가리		14,000	
	폴란드		104,000	
	체코슬로바키아		40,000	
	루마니아		119,000	
	불가리아		37,000	
북방	터키		37,000	
	시리아		26,000	
남방	리비아		35,000	
	이집트		75,000	
	예멘		48,000	
	아덴		6,500	
동방	이라크		123,000	
	이란		39,000	
	아프가니스탄		3,880	
북방	러시아	1967~	229,779	1967년 6일 전쟁 승리로, 동예루살렘 회복 이후
서방	폴란드		156,011	
	헝가리		24,255	
	체코슬로바키아		20,572	
	불가리아		48,642	
	프랑스		26,295	
	영국		14,006	
	독일		11,522	

북방	터키	1967~	58,288	1967년 6일 전쟁 승리로, 동예루살렘 회복 이후
동방	이라크		60,000 이상	
	인도		20,000	
남방	예멘	1971	48,000	
	남아공	1972	8,097	
	남아프리카	1971~1980	30,574	
	에티오피아	1984	50,000 이상	
북방	러시아	1989~	1,000,000 이상	
남방	에티오피아	1991	18,000	
	미국, 영국, 프랑스 등	1991~현재	진행 중	

◆ 이스라엘 내 유대인 인구 변화 ◆

연도	인구수	비 고
BC 1860년경	70명 가족	이스라엘 족속 70명이 이집트로 이주함(창 46:27)
BC 1446년경	200만 명	이집트에서 나옴 (출애굽기 12장 37절에 성인 남자만 60만 가량 된다고 나오며 학자들은 여자와 어린아이까지 합치면 200~300만 명은 될 것으로 추정)
⋮	⋮	⋮
AD 70년	150~200만 명	로마에 의해 멸망, 유대인 110만 명 살육, 9만 7천여 명이 포로 또는 노예로 팔려감
70~1500년	1,000가구 이내로 추정	전 세계로 흩어졌으나, 이스라엘 땅에 유대인이 한 명도 살지 않은 적은 없음
1500년대	1,000가구	
1860년	?	예루살렘에 「예멘모세」라는 유대인 마을이 생김
1881년	50,000명	알리야 시작
1947년	530,000명	UN이 이스라엘 독립국 건설 승인
1948년	657,000명	1948년 5월 14일 독립
2009년	5,600,000명	- 아랍계 150만 명, 기타 30만 명을 포함하면 이스라엘 전체 인구는 약 740만 명이 됨 - 전 세계 유대인 인구는 약 1,330만 명임 (이스라엘 거주자 560만 명, 전 세계 거주자 770만 명)

유대국가 건국의 꿈

세계 각국으로 흩어진 유대인들은 항상 압제와 노략을 받으며 살았다. 또한 추방되어 내쫓기는 신세도 되었다. 이곳저곳 남의 나라에 얹혀살던 유대인들은 토지를 소유할 수가 없어서 농사도 짓지 못했다. 군인 같은 직업은 더더욱 가질 수 없었다.

그래서 그들이 관심을 가진 것은 유럽인들이 경멸스럽게 여겼던 천한 대금업이었다. 기독교는 대금업을 금했을 뿐만 아니라 기독교인과 이슬람교도는 서로 이교도라고 왕래를 잘 하지 않았기 때문에 유대인이 중간에서 대금업을 하기엔 안성맞춤이었다.

고리대금업이란 아주 비싼 이자를 받는 것을 말한다. 그러나 당시 유대인들이 시작한 것은 폭리를 챙기는 고리대금업자가 아니라, 약간의 이자를 받는 천한 대금업이었다고 한다. 차츰 대금업이 유럽 경제에서 없어서는 안 될 일이 되자 유대인뿐만 아니라 다른 민족들도 대금업에 관심을 가지게 되었던 것이다.

유대인들이 돈밖에 모르는 '수전노'로 비쳐져 조롱과 멸시를 받게 된 데는 그들이 생존을 위해 돈에 인색했던 이유도 있었겠지만, 문학책이나 영화 등에서 심술궂은 고리대금업자로 유대인들을 많이 등장시킨 요인이 더 크다. 셰익스피어가 살던 당시에 영국에는 유대인이 전혀 없었지만 그의 작품 베니스의 상인에서 유대인들은 피도 눈물도 없는 냉혹한 대금업자로 부정적으로 그려지고 있는 것 등이 그러한 예이다.

우리는 고정관념 같이 유대인들이 수전노로서 정말 돈밖에만 몰랐던 민족으로 알고 있을지 모르지만, 유대인들은 병원이나 진료

소, 양로원 등을 건립하는 등 자선사업도 많이 했다고 한다.

대금업은 차츰 은행업으로 발전하게 되고, 19세 후반에 이르게 되자 파리에서 은행하면 유대인이 경영하는 은행이 대표적인 은행으로 자리 잡게 되었다. 그러나 유대인이 돈 버는 것이 싫었던 프랑스 사회 내에서는 반유대주의 여론이 급속도로 확산되었다.

드레프스와 헤르츨

이러한 상황에서 1894년에 알프레드 드레프스 사건이 일어난다. 드레프스는 유대인 출신으로 프랑스 군의 대위라는 높은 자리까지 올랐다. 하지만 프랑스 군부는 아무런 죄도 없는 드레프스에게 군사기밀을 독일군에게 넘겼다는 음모를 씌운다.

〈알프레드 드레프스(1859~1935)〉

당시 프랑스는 독일과의 전쟁에서 패했다. 그러자 그 책임을 물을 희생양이 필요했는데 그 대상이 만만하게도 유대인의 피가 흐르고 있는 드레프스였다. 유대인이었기에 여론몰이 하기에 좋았기 때문이다. 하지만 그가 군사기밀을 넘기는 스파이역을 했다고 입증할 수 있는 증거물은 어디에도 없었다. 단지 물증으로 발견된 명세서의 필체가 비슷하다는 것이었는데 당시 유대인에 대해 반감을 가지고 있던 프랑스 군부는 반론할 기회도 주지 않은 채 비밀 군사재판을 통해 드레프스에게 종신형을 선고하고 아프리카의 외딴 섬으로 보내버린다.

그로부터 3년이 흐른 뒤, 프랑스군 내에서 다른 사건을 조사하면서 드레프스의 군사학교 친구인 삐까르라는 중령이 이 사건은 처음부터 유대인을 차별하기 위해 날조된 사건이라는 것과 명세서의 필체는 드레프스가 아닌 에스떼라지라는 것을 알고 재심을 요구한다. 하지만 프랑스 군은 이미 잠잠해진 이 사건을 재조사해서 사회를 시끄럽게 할 이유가 없었다. 대신 이의를 제기한 삐까르 중령을 체포해 버린다. 이렇게 해서 이 사건의 진실은 묻히는 듯 했다.

그러나 이후 프랑스의 한 신문사가 문제가 된 이 명세서의 원본을 특종으로 게재함으로써 사건은 일파만파로 번지게 된다. 또한 이 소식은 유럽 전역으로 퍼져 여러 신문에서 이 사건을 대서특필하며 프랑스 군의 비밀재판에 문제를 제기하고 재심을 요구하는 기사를 연일 다루었다. 그러자 프랑스 사회는 재심을 찬성하는 쪽과 반대하는 쪽으로 여론이 나뉘어 데모와 소요가 끊이지 않고 시끄러웠다.

이처럼 혼란스런 상황에서 1898년 1월 13일자로 당대의 대문호였던 소설가 에밀졸라가 「로로르」라는 잡지에 '나는 고발한다'는 제목으로 대통령에게 보내는 공개서한 형식의 장문의 글을 1면에 기고한다. 그 핵심 내용은 '드레프스는 무죄이고 진범은 따로 있다. 프랑스 군은 이 사실을 알고 있다. 재심을 해야 한다'는 것이었다. 이 기사로 인해 드레프스 사건에 대한 재심요구는 활화산처럼 타올랐다.

〈에밀 졸라가 '로로르'지에 게재한 기고문 '나는 고발한다'의 전문〉

이 기사가 보도되자 프랑스 사회는 더욱 요동치게 되었고, 재심을 반대하는 사람들은 에밀졸라의 집을 찾아가 돌을 던지는 등 그를 가만히 두지 않았다. 결국 에밀졸라는 감옥에 투옥되고 만다. 이렇게 해서 다시 한 번 이 사건의 진실은 영원히 묻히는 듯 했다.

그러나 뜻밖에도 진범을 보살펴 줬던 측근이 자살하는 일이 벌어진다. 그리고 영국으로 도피했던 진범 에스떼라지가 마침내, 이 사건은 프랑스 군에 의해 날조된 것임을 고백하는 책을 스스로 출판함으로써 사건의 전말이 밝혀지게 된다. 전 세계는 분노했고 프랑스는 더 이상 변명할 수 없었다. 결국 드레프스는 사건이 일어난지 12년만 대통령 특사로 감옥에서 풀려나 1906년 7월 12일 무죄를 선고받고 소령으로 복귀하게 된다. 그러나 드레프스의 무죄판결이 최고재판소에 의해서는 1906년에 종결되었지만, 프랑스 군부는 이를 끝까지 인정하지 않다가 무려 100년이 지난 1995년에야 드레프스의 무죄를 인정했다.

한편 에밀졸라는 드레프스의 무죄판결을 보지 못한 채 1902년 사망했으며, 이후 드레프스는 에밀졸라의 무덤을 찾았다고 한다.

알프레드 드레프스 사건은 단지 유대인이라는 이유하나만으로 억울한 누명과 설움, 차별과 박해를 받으며 살아가고 있는 나라 없는 유대인의 실상을 생생히 보여주는 사건이다.

이러한 유대인에 대한 참을 수 없는 모함을 지켜 본 테오도르 헤르츨은, 더 이상 유대인이 나라 없는 민족으로 전 세계를 떠돌아다니며 설움을 받지 않고 살 수 있는 유대인 문제의 유일한 해결책은 이스라엘 땅에 유대 국가를 세우는 일임을 깨닫게 된다.

〈테오도르 헤르츨(1860~1904)〉

헤르츨은 유대인 부모아래서 헝가리 부다페스트에서 태어난 신문기자였다. 그는 동화(同化)주의자였다. 동화주의자란 "유대인은 현지사회에서 동화해야 반유대주의의 폐혜를 극복하며 살 수 있다"고 주장하는 사람들이었다. 그래서 그는 유대인이었지만, 유럽인처럼 살기 위해 13살이면 유대인들이면 다 치르는 성인식도 하지 않는 등 유대 관습을 지키지 않았다.

하지만 헤르츨은 아무런 죄없이 단지 유대인이라는 이유하나만으로 차별과 설움을 받는 드레프스 사건을 지켜보면서 동화주의의 한계를 직시하게 된다. 아무리 유대인의 관습을 포기하고 유럽사회에 동화되어 산다고 해도 유대인에 대한 궁극적인 차별이 없어지지 않는다는 것을 절감했던 것이다. 그래서 그는 유대인 문제의 최종적인 해결은 이스라엘 땅에 '유대국가'를 건설하는 것이라는 결론을 내리고 '유대국가'라는 소책자를 저술하게 된다.

이 책은 장차 이스라엘 땅에 세워질 유대국가의 정치제도, 법률, 노동, 여성 문제 등 다양한 주제를 다루고 있다. 헤르츨은 이 책을 출판하기에 앞서 그의 절친한 친구에게 보여주었다.

그러사 책을 읽은 친구는 말없이 눈물을 흘렸다. 헤르츨은 그 친구도 유대인이므로 눈물을 흘리는 것은 당연하다고 생각했다. 왜냐하면 자신도 저술하는 중에 눈물을 흘렸기 때문이다. 하지만 헤르츨의 친구가 운 것은 책 내용에 감동을 받아서가 아니라, 자신의 친구 헤르츨이 미쳤다고 생각했기 때문이다. 지금 이스라엘 땅은 터키가 지배하고 있는데, 어떻게 그 땅에 유대 국가를 세운다는 말인가?

하지만 헤르츨은 1896년에 '유대국가' 라는 책을 출판하게 되고 큰 반응을 일으키게 된다. 그리고 헤르츨은 '시온주의 운동'의 필요성을 역설한다. '시온'이란 예루살렘에 있는 산 이름으로써 이스라엘의 중심이고 이스라엘 백성들의 마음의 고향이다. 결국 시온산이 있는 이스라엘로 돌아가자는 운동이다. 즉, 시온주의 운동은 이스라엘 땅에 유대인 국가를 건설하자는 운동으로 유대인 문제는 오직 유대국가 건설만으로 해결된다는 것이다.

1897년 8월 29일, 헤르츨은 스위스 바젤에서 제1차 시온주의 회의를 개최한다. 이 회의에는 유대인 204여 명이 참석하여 이스라엘 땅에 유대민족을 위한 국가건설을 하자는 뜻을 모은다. 헤르츨은 이 회의에서 반유대주의를 해결하는 길은 유대 국가를 건설하는 것밖에 없다는 것을 거듭 강조하고, "앞으로 50년 내에 유대 국가가 세워질 것이다"는 것을 역설하며 유대국가 건설을 천명한다.

1897년에 헤르츨이 선포한 꿈만 같았던 그의 꿈은 정말 50년이 되는 1947년에 UN의 결정으로 국가 건설이 승인되고, 1948년에 독립국가가 세워짐으로써 기적같이 성취되었다.

Vision 2048

우리는 여기서 고난 받는 한 사람 '드레프스'와 그 고난을 통해 비전을 발견하는 또 한 사람 '헤르츨'을 보게 된다. 고난이 고난으로 끝나지 않고 축복이 될 수 있었던 것은 그 고난 속에서 비전을 발견했기 때문이다.

드레프스라는 한 유대인의 서러운 고난과 그 고난을 간과하지 않고, 어떻게 보면 허황된 꿈이라고 볼 수밖에 없었던 유대국가 건설이라는 원대한 비전을 품은 평범한 한 신문기자인 헤르츨이 있었기 때문에 오늘날의 이스라엘이 있게 된 것이다.

이처럼 하나님은 평범한 한 사람을 통해서 일하신다. 이스라엘의 독립이 어찌 하나님의 역사하심 없이 가능했겠는가? 이스라엘의 독립은 하나님이 하신 일이다. 그래서 이스라엘의 역사를 보면 하나님이 보이는 것이다. 어떤 무신론자가 자신의 의사에게 다급하게 하나님이 살아계신 증거를 보여 달라고 했다. 그러자 그 의사는 '유대인'이라고 답했다고 한다. 유대인과 이스라엘은 하나님의 살아계심과 역사하심을 생생히 보여주는 실체이다.

하나님은 지금도 동일하게 드레프스와 헤르츨과 같은 한 사람을 원하신다. 왜냐하면 이스라엘을 위해 해야 할 일이 있기 때문이다. 그것은 이스라엘의 영적인 회복이다. 예수님이 탄생하시고, 사역하시고 승천하신 그 땅에 예수님이 없다. 성전도 없고 예배도 없다. 이것의 회복을 위해 하나님은 나를 부르고 계시지 않은가?

그리고 고난 받은 '한 사람' 드레프스를 보며, 또 '한 사람' 헤르츨은 '비전'을 품었다. 사실 그것은 말도 안 되는 꿈이었다. 하지만 하나님은 그 꿈을 축복해 주셨고 이루어 주셨다. 비전을 이루는 것은 하나님이시다. 우리가 할 일은 비전을 품고 기도하는 것이다. 성취는 하나님께서 하시기 때문이다. "사람이 마음으로 자기의 길을 계획할지라도 그의 걸음을 인도하시는 이는 여호와시니라"(잠 16:9).

이 시대에 우리는 이스라엘을 향해 어떤 비전을 품을 수 있을까? '예수 그리스도'이다. 그 땅에 절실한 평화도 예수 그리스도를 통해서만 가능하다. 하나님은 세계지도에서 없어졌던 이스라엘을 1948년에 회복시켜 주셨다. 2009년 현재 이스라엘 건국 61주년이 된다.

1897년에 헤르츨이 "50년 내에 이스라엘 국가가 세워질 것이다"라는 비전을 품었듯이, 우리는 "39년 내에 이스라엘이 예수 믿는 나라가 될 것이다"라는 비전을 품자. 39년 후면 이스라엘이 독립한지 100년이 되는 2048년이다. 그보다 빨리 이스라엘이 회복될 수도 있을 것이다. 그러나 늦어도 2048년 전에는 이스라엘의 회복되도록 꿈을 갖고 그 백성을 위로하고 기도하며 헌신하자.

우간다 유대국가 건설안

헤르츨의 제창으로 시작된 시온주의 운동으로 많은 유대인이 이스라엘 땅으로 돌아왔다. 하지만 막상 돌아와 보니 사람이 살만한 곳이 아니었다. 사막이었고 먹을 물도 없었다. 유럽에서 잘 살다가 이민온 유대인들은 크게 낙담할 수밖에 없었다. 헤르츨과 시온주의 운동가들도 힘이 빠지기는 마찬가지였다.

이러한 상황에서 1903년, 당시 우간다를 통치하고 있던 영국이 우간다에 유대 국가를 건설할 것을 시온주의 운동본부에 제안한다. 매우 현실적인 대안이 아닐 수 없었다.

왜냐하면 당시 이스라엘 땅에 살고 있던 아랍 사람들을 내쫓고 이스라엘 국가를 건설한다는 것이 현실적으로 쉬운 일이 아니었기 때문이다. 설령 그 땅을 차지한다 하더라도 사막으로 사람이 제대로 살기가 힘든 지역이었다. 반면 우간다는 풍부한 자원과 적당한 기후로 사람이 살기에 적당했으며, 영국이 제안한 이상 유대인들이 희망하기만 하면 언제든지 들어가 살 수 있었다. 그리고 더 중요한 것은 유럽에서 반유대주의가 더욱 심화되고 있었기 때문에 시온주의 운동가들로서도 거절할 아무런 이유가 없었다.

하지만 시온주의 운동가들은 이 제안을 받아들이지 않았다. 왜냐하면 당장의 안락보다는 비록 사막이라 할지라도 하나님이 그들에게 준 땅, 조상들이 살아오던 그 땅에 들어가서 이스라엘 나라를 세우기 원했기 때문이다.

"내가 너희를 만민 가운데에서 모으며
너희를 흩은 여러 나라 가운데에서 모아 내고
이스라엘 땅을 너희에게 주리라"(겔 11:17)

히브리어의 회복

AD 70년 이후 이스라엘 백성들이 전 세계로 흩어져 살게 되자 그들의 언어인 히브리어도 차츰 그 자취를 감추게 되었다.

흩어진 유대인들은 그들이 정착한 국가의 언어를 쓰거나 히브리어와 다른 언어를 섞어 이디쉬(Yiddish, 히브리어-독일어)나 라디노(Ladino, 히브리어-스페인어) 같은 새로운 히브리어 방언을 만들어 사용하였다. 그래서 히브리어는 성서나, 랍비의 저술 등을 통해 제한적으로 전승되기만 했을 뿐 일상 언어로써는 사멸되어 갔다.

하지만 50년 내에 유대국가가 세워질 것이라며 '유대국가'를 저술했던 헤르츨과 같은 또 한 명의 비전의 사람이 죽은 언어나 다름없었던 히브리어를 부활시키기 시작한다. 그가 바로 '엘리제르 벤 예후다'이다. 그는 러시아에서 태어난 디아스포라 유대인으로 랍비가 되기 위한 교육을 받으면서 성경 히브리어를 습득했다. 하지만 그는 성장하면서 랍비가 되기보다는 조상의 땅을 회복하고 모국어인 히브리어를 회복해야겠다는 신념을 갖게 된다.

그래서 그는 알리야가 시작되던 무렵인 1881년에 이스라엘 땅으로 돌아와 히브리어의 부활을 위해 노력한다. 그는 히브리어 부활을 위해 세 가지 실천 목표를 정했다. '가정에서 히브리어를', '학교에서 히브리어를', '히브리어 단어, 단어, 단어.'

무엇보다 그는 자신의 가정에서 히브리어로만 말하기로 결심했다. 그와 그의 부인은 이스라엘에서 히브리어로만 말하는 첫 가정이 되었다. 그의 아들 이타말이 태어나자 히브리어로만 말을 가르쳤으며, 히브리어가 아닌 다른 언어는 듣지도 못하도록 했다. 심지어 그의 집에 히브리어를 할 줄 모르는 사람이 찾아올 경우 아들을 방으로 들여보낼 정도로 철저했다고 한다.

1883년에는 예루살렘의 한 학교에서 교사로 근무하면서 학생들에게 히브리어를 가르쳤고 다른 교사들에게도 영향을 주었다. 하지만 신성한 종교언어를 세속적인 언어로 만든다는 비판을 받기도 했다.

벤 예후다는 일상생활에서 히브리어를 쉽게 접하고 읽을 수 있도록 하기 위해 1884년에 히브리어 신문인 '하쯔비'를 발간했다. 이것은 히브리어가 종교적인 언어일 뿐만 아니라 일상의 이야기를 기록할 수 있다는 것을 보여주었으며, 새로운 히브리어 단어를 소개하는 공간이 되기도 했다.

〈엘리에젤 벤예후다(1858~1922)〉

1910년에는 히브리어 사전을 편찬하기 시작했으나 완성하지 못한 채 생을 마쳤으며, 그의 부인과 아들이 완성하였다.

벤 예후다의 이런 노력에 힘입어 이스라엘 땅으로 돌아오는 이민자들은 가정과 학교에서 히브리어를 적극 사용하였으며, 마침내 히브리어는 이스라엘 민족의 언어로 자리매김하게 되었다. 1922년 11월 29일, 당시 이스라엘을 통치하고 있던 영국은 히브리어를 이스라엘의 공식 언어로 지정하였다. 하지만 안타깝게도 벤 예후다는 한 달 후 결핵으로 세상을 떠나고 말았다.

벤 예후다의 이런 노력으로 부활된 히브리어는 세계 도처에서 돌아온 이질화된 이스라엘 백성들의 정신과 사상을 통합해 주는 매우 중요한 역할을 하게 되었다.

7과 _ 영국 지배

1914년 제1차 세계대전이 일어났다. 영국, 프랑스, 러시아 연합군과 독일, 오스트리아 연합군이 맞붙은 것이다.

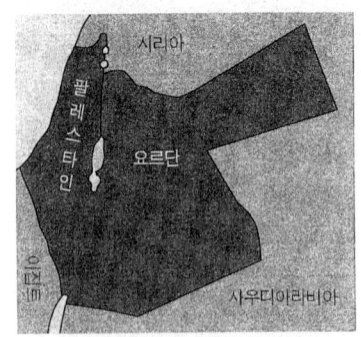
〈영국이 위임 통치한 지역〉

전쟁 중에 유대인들은 영국군을 많이 도왔다. 가장 큰 고비는 폭약의 제조원인 무연 화학의 부족이었다. 그러나 하임 바이츠만은 새로운 폭발물 제조법을 찾아내 영국을 위기에서 건져주었다. 그리고 금융 부호인 로스차일드는 재정과 무기로 지원을 아끼지 않았고, 수많은 유대인들은 영국군으로 자원하여 입대해 영국을 도왔다.

벨푸어 선언

이처럼 유대인의 도움을 받는 대가로 당시 영국의 외무장관이었던 벨푸어는 "팔레스타인 땅에 유대 민족국가 건설을 돕겠다"는 서한을 영국 시오니스트 기구 의장이었던 로스차일드에게 보낸다. 이것이 벨푸어 선언(1917. 11. 2)이다.

```
Foreign Office,
November 2nd, 1917.

Dear Lord Rothschild,

        I have much pleasure in conveying to you, on
behalf of His Majesty's Government, the following
declaration of sympathy with Jewish Zionist aspirations
which has been submitted to, and approved by, the Cabinet

        His Majesty's Government view with favour the
establishment in Palestine of a national home for the
Jewish people, and will use their best endeavours to
facilitate the achievement of this object, it being
clearly understood that nothing shall be done which
may prejudice the civil and religious rig
existing non-Jewish communities in Pales
rights and political status enjoyed by J
other country"

    I should be grateful if you would brin
declaration to the knowledge of the Zionist
```

**벨푸어 선언
(1917. 11. 2)
유대 국가 건설 약속**

"우리 국왕의 정부는 팔레스타인에 유대 민족을 위한 국가 건설을 호의적으로 보고 있으며 이 목표의 성취를 촉진시키기 위해 최선의 노력을 보일 것입니다."

    제1차 세계대전(1914~1918년) 이후 국제연맹(The League of Nations : UN의 전신)은 이스라엘 땅을 영국이 위임 통치하도록 했으며, 영국은 이스라엘이 독립국가로 설 수 있도록 이민 허용 등의 도움을 준다.

    하지만 유대인들이 대규모로 이민을 해오자 자신들의 삶의 터전에 위협을 느낀 아랍인들이 영국 정부에 이의를 제기한다. 그러자 아랍인들의 석유 이권에 눈치를 볼 수밖에 없었던 영국은 강력하게 유대인 이민제한 조치를 취한다.

사실 영국은 제1차 세계대전 중에 유대인에게만 국가 건설을 약속한 것이 아니라, 아랍인들에게도 당시 영국 고등판무관이었던 맥마흔이 아랍국가 건설을 약속했었다(1915년). 이처럼 자국의 이익을 위해 모순된 이중외교를 했던 영국은 이 시점에서 다시 아랍인들의 손을 들어주었던 것이다. 이러한 상황에서 유대인들은 더욱 비극적인 일을 겪게 된다.

600만 유대인 학살

1933년에 독일의 새 총통으로 선출된 나치당의 히틀러(1889년~1945년)는 제1차 세계대전의 패배와 그로 인해 이어진 경제난의 원인을 모두 유대인의 탓으로 돌렸다. 알고 보면 독일 유대인들은 전쟁 중 1만 명이 넘어 전사할 정도로 독일에 애국적이었으나, 히틀러는 당시 독일 전체 인구의 0.76%밖에 되지 않던 50만 명의 유대인들을 내부의 적으로 규정했을 뿐만 아니라, 독일 사회를 좀먹는 기생충으로 간주했다.

그렇게 한 이유는 패전으로 인한 수치감과 굴욕감에 침체됐던 독일사회 분위기를 쇄신하기 위해서는 국민의 힘이 모아져야 했는데, 히틀러는 이를 위해 독일 민족만의 우월성을 내세운 민족주의 정책을 내세웠기 때문이다.

즉, 독일 민족만이 하늘로부터 선택된 민족이고, 다른 모든 민족은 독일을 위해 존재한다는 것이다. 그래서 독일 민족은 오직 자신들만 생각하게 되었고 다른 모든 민족은 척결대상으로 삼았다. 특히 그중에서도 유대인들은 지구상에서 씨를 말려야 할 존재로 간주했으며, 히틀러는 유럽에서 유대인을 파멸시켜야 한다고 주장했다.

그래서 독일 내에 있던 유대인들을 폭행하고 가게를 약탈하고 회당을 불태우는 일을 서슴치 않았다. 공포와 불안에 떨던 유대인들은 독일 사회를 떠나 이스라엘 땅으로 향했다. 하지만 떠나지 못한 이들도 많았다. 독일을 떠나려면 돈을 지불해야 했고, 또 나름대로 그곳에 살면서 정이 들었기 때문이다.

히틀러의 유대인에 대한 이러한 차별과 박해는 제2차 세계대전(1939~1945년)중 극에 달하게 된다. 독일이 폴란드를 침공함으로써 시작된 제2차 세계대전, 그러나 결국 독일이 전쟁에서 밀리게 되자 히틀러는 비극적인 일을 감행하고 만다.

폴란드 남부 아우슈비츠에 위치한 독일의 강제수용소에서 130만 명의 어린이를 포함한 600만 명이라는 유대인을 무참히 죽인 것이다. 인류 역사상 전무후무한 대참극이 아닐 수 없다. 히틀러의 최종적인 유대인 문제의 해결책! 그것이 600만 유대인 대학살이었던 것이다.

이 참극을 저지른 독일의 결과는 무엇일까? 제2차 세계대전에서 패망하고, 히틀러는 죽게 된다. 그것도 자살을 함으로써.

당시 강제 수용소 생활을 하던 유대인들은 사람이 아니었다. 강제 수용소를 이곳저곳 옮겨 다니고 있던 루벨 몰러라는 9살 된 유대인 아이는, 우연히 한 독일인 엄마와 예닐곱 살 되어 보이는 딸이 나누는 대화를 듣게 된다. 독일인 아이가 묻는다. "엄마, 저 사람들은 뭘 하는 사람들이야?" 엄마가 대답한다. "응, 저들은 사람이 아니란다. 유대인들이지."

600만 유대인 학살이 유대인들에게 남긴 것은 무엇일까? 그것은 자신들을 보호할 국가의 필요성을 절실히 깨닫게 된 것이다.

1897년 제1차 시온주의 운동으로 시작된 '유대국가' 건설의 열망이 더욱 강렬하게 된 것이다. 왜냐하면 600만 학살은 세계의 그 어느 곳도 유대인들에게는 안전한 장소가 될 수 없음을 보여주었기 때문이다.

전 세계에 흩어진 유대인들이 뜻을 모았고, 국제사회도 홀로코스트를 겪은 이스라엘을 독립시켜 다시는 이러한 일이 발생하지 않도록 해야 한다는 여론이 형성되기 시작했다.

생각해 보면 이스라엘의 독립 기반은 고난이다. 고난이 독립을 더욱 간절히 열망하게 했던 것이다. 오래전인 1896년에 헤르츨이 유대국가라는 책을 저술해서 시온주의 운동을 제창하게 된 것도 드레프스라는 한 유대인의 고난에서 기인한 것이며, 전 세계 유대인들과 국제사회가 유대국가의 필요성을 절감하게 된 것도 제2차 세계대전 중 발생한 600만 유대인 학살이라는 세계사에 유례없는 고난이 있었기 때문이다.

유대인 속담에 이런 말이 있다고 한다. "도대체 누가 우리를 선택해 달라고 부탁했던가?" 이런 고난을 당한 유대인에게 우리는 '위로자'가 되어야 할 것이다. "위로하라 내 백성을 위로하라"(사 40:1)

〈제2차 세계대전 중 6백만 유대인 학살〉

600만 유대인 학살은 인간적으로 있을 수 없는 일일 뿐만 아니라, 약속의 씨를 멸하려는 사탄의 음모의 일

환이다. 단지 연민으로만 이 사건을 보아서는 안 될 것이다. 왜 하필 유대인인가? 천하 만민의 축복의 통로이기 때문이다("네 씨로 말미암아 천하 만민이 복을 받으리니"〈창 22:18〉).

하지만 사탄은 이것이 싫었다. 그래서 계속해서 언약의 자손들을 공격해 왔던 것이다. 가인은 아벨을 죽였고, 에서는 야곱을 죽이려 했다. 애굽의 바로

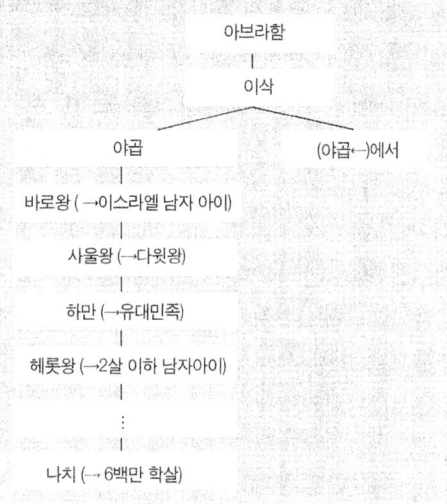

왕은 이스라엘 남자아이들을 다 죽이라고 명령했고, 사울은 다윗을 죽이려 했다. 그리고 구약의 히틀러인 하만은 유대민족 전체를 몰살시키려고 하지 않았던가?

그리고 사탄의 공격 핵심은 유대인의 왕으로 오시는 예수님을 태어나지 못하게 하는 것이었다. 그래서 헤롯은 예수님 탄생 당시 베들레헴 일내에 있는 2살 이하의 아이들을 다 죽이라고 명령했던 것이다.

600만 유대인 학살도 이러한 사탄의 공격의 연장선상에 있는 것이다. 그러나 결국 사탄은 패배했다. 하나님은 유대인의 남은 자를 통해 이스라엘을 건국하셨고, 그들에게 예수 믿게 하심으로써 승리

를 이루어 나가시기 때문이다.

유대인들의 고난에 대한 또 다른 가해자는 교회와 크리스천이다. 물론 중세 가톨릭의 잘못이지만 상처받은 유대인의 입장에서 볼 때 그러한 구분은 의미가 없을 것이다. 텔아비브대학 내에 있는 디아스포라 박물관 한쪽에는 다음과 같은 글이 쓰여 있다. "유대인들이 나치에 의해 고난을 당하고 있을 때 교회는 침묵했습니다." 그리고 600만 학살 추모관인 '야드 바셈('이름을 기억하다'라는 뜻)'에는 이런 글귀가 있다. "용서는 하지만 망각은 또 다른 방랑으로 가는 길이다." 젊은 세대가 혹시라도 조상들의 고난을 잊어버릴까봐 역사 교육을 반복하여 시키고 있는 것이다.

중요한 것은 우리 기독교인들이 "미안하다고, 잘못했다"고 말할 때 그들의 인간적, 민족적, 역사적 상처와 감정들이 치유될 것이다. 이런 마음의 장벽을 그대로 둔 채 복음을 전하려 한다면 거부감과 반감만 더할 것이다.

'아우슈비츠의 인연' 65년만에 극적 상봉

앞뒤 수감번호 두 유대인 추모일 앞두고 만나

4장
1947년 이후

1948년 이스라엘 건국

영국은 제1차 세계대전(1914~1918년) 중에 아랍과 유대인 양측의 지원을 다 받아내기 위해 이스라엘 땅에 '두 국가 건설'이라는 양다리를 걸쳤다. 즉, 아랍인들에게는 아랍국가 건설을 약속했고(맥마흔 선언, 1915년), 2년 뒤 유대인들에게는 유대국가 건설을 약속했다(벨푸어 선언, 1917년).

이런 상황에서 서로 이스라엘 땅에 독립국가 건설을 하려는 유대인과 아랍인 사이의 갈등이 커지게 되었고, 약속을 지키지 않는 영국에 대한 유대인들의 투쟁이 거세지면서 영국은 결국 이 문제를 유엔에 위임하게 되었다.

〈이스라엘 건국을 승인하는 1947년 UN총회〉

1947년 11월 29일, 이스라엘 건국 승인 여부에 대한 안건이 UN총회에 상정되었다. 그러나 당시 이스라엘 땅에 살고 있던 아랍인들은 이를 받아들일 수 없었다. 그래서 아랍국들은 일치단결해서 이스라엘의 건국을 반대했으며, 이스라엘의 독립을 지지할 경우 석유 이권을 제한하겠다며 UN총회에 참석한 나라들을 압박했다. 그러나 투표결과는 찬성 33표, 반대 13표, 기권 10표로 이스라엘의 승리였다.

◆ 이스라엘 건국 투표 결과 ◆

구분	국가수	국가명
찬성	33	호주, 벨기에, 볼리비아, 브라질, 벨로루스, 캐나다, 코스타리카, 체코슬로바키아, 덴마크, 도미니카 공화국, 에콰도르, 프랑스, 과테말라, 아이티, 네덜란드, 아이슬란드, 라이베리아, 룩셈부르크, 폴란드, 뉴질랜드, 니카라과, 노르웨이, 파나마, 파라과이, 필리핀, 페루, 러시아, 남아프리카 공화국, 스웨덴, 우크라이나, 우루과이, 미국, 베네수엘라
기권	10	아르헨티나, 칠레, 중국, 콜롬비아, 엘살바도르, 에티오피아, 영국, 온두라스, 멕시코, 유고슬라비아
반대	13	아프가니스탄, 쿠바, 이집트, 그리스, 인도, 이란, 이라크, 레바논, 파키스탄, 사우디아라비아, 시리아, 터키, 예멘

유엔은 이스라엘 땅을 유대 지역, 아랍 지역, 국제관할인 예루살렘 지역의 세부분으로 분할하는 결의안을 채택했다. 이스라엘에게 배분된 땅은 비록 작고 초라했지만 나라 없는 민족으로 전 세계를 떠돌아다니던 그들에게 그것은 큰 문제될 바가 아니었다. 내 조국이 생긴다는 사실에 그들은 춤을 추며 기뻐했다. 더구나 아브라함과 이삭과 야곱이 살던 바로 그 땅에 자신들의 나라를 세운다는 것에 감격하지 않을 수 없었다. 예루살렘 지역도 이후 요르단이 지배

하다가 1967년에 이스라엘이 탈환하게 된다.

　이스라엘은 영국 위임 통치가 끝나던 1948년 5월 14일 오후 4시, 텔아비브 박물관에서 독립선포식을 했다. 벤구리온 초대수상은 40분에 걸쳐 독립선언문을 읽어 나갔으며, 아모스(9:14~15)의 말씀으로 끝을 맺었다. "내가 내 백성 이스라엘이 사로잡힌 것을 돌이키리니 그들이 황폐한 성읍을 건축하여 거주하며 포도원들을 가꾸고 그 포도주를 마시며 과원들을 만들고 그 열매를 먹으리라 내가 그들을 그들의 땅에 심으리니 그들이 내가 준 땅에서 다시 뽑히지 아니하리라 네 하나님 여호와의 말씀이니라"

〈이스라엘 독립을 선포하는 벤구리온 초대 수상(액자 속의 사진은 시온주의를 부르짖은 헤르츨)〉

◆ 이스라엘 독립선언문 ◆

　유대 민족은 이스라엘 땅에서 태어났다. 유대 민족의 정신적이며 종교적, 민족적 성격이 형성된 곳도 이 땅이며, 이스라엘은 독립국가로서의 주권을 누리고 살아왔다.
　이스라엘은 이 땅에서 민족적이며 또한 보편적 의미를 동시에 지니는 한 문화를 창조하였으며, 또한 이 땅에서 책 중의 책, 영원한 성서를 전 세계에 선사하였다.
　일찍이 무력에 의해 추방되었던 유대 민족은 전 세계 각지에 뿔뿔이 흩어져 있으면서 항상 이스라엘 땅에 대한 신념을 간직하고 꾸준한 기도 속에 돌아가기를 열망하여 마침내 이들은 오늘날 정치적 자유를 되찾게 되었다.
　스스로의 역사와 전통에 대한 열렬한 애착을 잃지 않았던 유대 민족은 고대 조국의 근원을 재생시키려 노력하였으며, 그리하여 오늘의 세대에 이르러 대규모의 숫자로 조국에 돌아오게 된 것이다.
　이 땅의 선구자와 국토방위자들, 그리고 새로운 이주민들은 온갖 어려움에 대항하여 황무지를 옥토로 꽃피웠으며, 모국어인 히브리어를 부활시키고 곳곳에 마을과 도시를 건설하였다. 이들은 또한 번영하는 사회를 형성, 스스로의 경제와 문화체제의 주인이 되었으며, 평화 추구와 동시에 조국 방위에 전념하여 이 땅의 모든 거주자에게 진보의 혜택을 안겨주고 독립 국가로서의 주권을 획득하는 데 헌신하였다.
　1897년 테오도르 헤르츨의 요구에 의해 처음으로 시온주의 의회가 소집되었다. 헤르츨은 유대 국가 건설의 꿈을 항상 마음속에 간직해 왔으며, 자신의 땅에서 자신의 국가를 건설할 수 있는 권리를 유대인에게 달라고 전 세계에 호소하였다.
　1917년 11월 2일, 이 권리는 벨푸어 선언에서 인정되고 위임통치국가 연맹에서 확인되었다. 위임통치 국가연맹은 이스라엘 땅에 유대 민족 간의 역사적 연관성과 자신의 조국의 재건설하려는 이스라엘 민족의 권리에 대해 국제적으로 정당성을 부여하였다.
　오늘날 우리 시대에서 벌어졌던 유럽에서의 수백만 명의 유대인 대학살은 이스라엘 땅에 유대 민족의 국가를 부활시킴으로써 모든 유대인들을 조국의 품안으로 받아들이고 전 세계 국가의 한 가족으로서 똑같은 권리를 향유하는 국가의 지위가 유대 민족에게 얼마나 절실한가를 다시 한 번 입증해 주었다.

모든 곤경과 장애, 위험에도 불구하고 잔혹한 나치의 대학살에서 살아남은 생존자들은 다시 각지에 흩어져 있는 유대인들과 힘을 합하여 이스라엘 땅으로의 대이주를 추진했으며, 자신의 고향땅에서 인간의 존엄성과 자유가 보장되고 정직한 노동의 대가를 인정받는 생활을 누릴 권리를 역설하였다.

제2차 세계대전 중 이스라엘 땅에 존속해 왔던 유대인 사회는 나치 세력에 대항하여 자유와 평화를 위해 투쟁하는 국가의 편에 가담하여 전심으로 활동하였다. 이들이 전쟁에서 기울인 노력과 희생된 용사들의 대가로 말미암아 유대인 사회는 유엔 창립국가의 일원으로 지명되는 권리를 획득했다.

1947년 11월 29일 유엔총회는 이스라엘 땅에 유대인 국가를 세울 것을 요구하는 해결안을 채택하였으며 거주자들 스스로 자신의 편에 서서 이 해결안을 실현시키는 데 필요한 모든 조처를 취할 것을 요청하였다.

스스로의 국가를 건설할 수 있다는 유대인의 권리에 대한 이러한 유엔의 승인은 번복될 수 없는 것이다. 다른 모든 민족과 마찬가지로 유대 민족도 주권 국가로서 스스로의 운명을 통제하는 당연한 권리를 갖는다. 따라서 이스라엘 땅의 유대 민족과 시온주의 운동을 대표하는 국가회의는 팔레스타인에 대한 영국의 위임통치가 만료되는 이날 모두 모여 유대 민족의 역사적 권한과 유엔총회 해결안의 정신에 입각하여 여기 이스라엘 땅의 한 유대인 국가, 즉 '이스라엘'의 창설을 선언하는 바이다.

위임통치가 끝나는 그 순간, 즉 안식일 자정이며, 5708년(유대민족 건국 기원) 이야르 월(유대력 8월) 제6일, 1948년 5월 15일부터 국가회의는 선거구회의에서 채택될 헌법에 따라 공정한 선거절차에 의해 국가기구가 창설되기 전까지 국가 임시회의로서 그 역할을 대행하며, 이 국가회의의 집행부인 국가 행정부는 임시정부를 구성하게 된다.

국가의 이름은 '이스라엘'이라 칭한다.

이스라엘 국가는 모든 유대 이민과 추방된 사람에게 개방된다. 또한 이스라엘은 모든 거주인의 복지를 위해 이 땅을 개간하며, 이스라엘 선지자에 의해 그려진 그대로 자유와 정의와 평화의 기반 위에 안주할 것이다. 이스라엘은 종교와 인종과 성에 대한 차별 없이 모든 시민에게 완전하고도 동등한 사회적, 정치적 자유를 부여한다. 이스라엘은 종교와 양심의 자유, 언어와 교육, 문화의 자유를 보장한다. 또한 이스라엘은 모든 종교의 성지를 수호하며 유엔 헌장의 원칙을 준수한다.

이스라엘은 1947년 11월 29일에 조인된 유엔 총회 해결안의 실현을 위해 유엔의 모든 기관과 대표국가와 협력할 준비를 갖추고 있으며 이스라엘 전 지역에 경제시설을 건설하는데 모든 노력을 경주할 것이다.

우리는 유엔에게 이스라엘 국가를 건설하고자 하는 유대 민족을 돕고 또한 이스라엘 국가를 유엔의 한 가족으로서 인정해 줄 것을 호소한다.

수개월 동안 우리를 향해 퍼부어졌던 광포한 공격의 와중에서도, 우리는 우리와 이웃하고 있는 아랍 민족의 자손들에게 평화를 지킬 것을 강력히 촉구하며 완전하고도 평등한 시민권과 일시적이든 영원한 것이든 모든 기구 및 체제의 정당한 대표의 기반 하에 국가를 건설하는데 자신의 역할을 다해 줄 것을 촉구한다.

우리는 이스라엘 주위의 모든 국가와 국민에게 평화와 우호의 손길을 뻗친다. 그리고 우리는 이들에게 이 땅의 이스라엘 독립국가와 함께 상호간의 원조에 있어서 서로 협력할 것을 촉구한다.

이스라엘은 모든 중동 지역의 발전을 위해 일치된 노력을 다할 것을 다짐한다. 우리는 세계에 퍼져 있는 유대인에게 이스라엘 땅으로 이주해 와서 건설에 참여해 줄 것과 우리가 오랫동안 염원해 마지않았던 이스라엘 국가의 회복에 오른팔이 되어줄 것을 촉구한다.

이스라엘 국가의 반석에 대한 신념으로서 우리는 이야르월(유대력 8월) 5월 14일, 5708년 이야르력 제5일, 조국의 땅 텔아비브 시, 국가 임시회의에서 손을 들어 이 선언서의 증인이 되고자 한다.

이스라엘의 건국 : 「땅 언약」의 성취

이스라엘의 역사는 '땅 있음'과 '땅 없음'의 역사로 볼 수 있다. 하나님께서는 창세기 12장 1절에서 아브라함을 부르시면서 "내가 네게 보여 줄 땅"으로 가라고 지시하신다. 그 땅이 지금의 이스라엘 땅이다.

이스라엘 독립국가 건국 → '땅 언약' 성취

아브라함

"여호와께서 아브람에게 나타나 이르시되 내가 이 땅을 네 자손에게 주리라 하신지라"(창 12:7)

"보이는 땅을 내가 너와 네 자손에게 주리니 영원히 이르리라"(창 13:15)

"내가 이 땅을 애굽 강에서부터 그 큰 강 유브라데까지 네 자손에게 주노니"(창 15:18)

"내가 너와 네 후손에게 네가 거류하는 이 땅 곧 가나안 온 땅을 주어 영원한 기업이 되게 하고"(창 17:8)

이삭

"내가 이 모든 땅을 너와 네 자손에게 주리라"(창 26:3)

야곱

"네가 누워 있는 땅을 내가 너와 네 자손에게 주리니"(창 28:13)

"내가 아브라함과 이삭에게 준 땅을 네게 주고 내가 네 후손에게도 그 땅을 주리라"(창 35:12)

이스라엘 : '땅 있음'과 '땅 없음'의 역사

이스라엘 백성들은 BC 1406년경에 가나안 땅을 정복해 들어간 이후 BC 586년 바벨론에 멸망하기까지 약 820년간 이 땅의 주인으로 살아간다. 그러나 BC 586년 이후에는 신구약 중간시대에 마카비 혁명으로 약 100년간 잠시 독립한 것을 제외하면 1948년까지 계속해서 이방의 지배를 받았다.

그 땅에서 쫓겨난 이스라엘 백성들은 전 세계를 떠돌아 다녀야만 했다. 우리의 생각으로 볼 때는 너무도 긴 세월을 유리 방랑했다. 하지만 언약의 관점에서 보면 그것은 제한적인 기간에 불과하다. 왜냐하면 궁극적인 그 땅의 소유권은 이스라엘 백성들에게 있기 때문이다. 하나님께서는 그 땅에 대한 소유권을 무조건적으로 영원히 이스라엘 백성들에게 주셨던 것이다.

아브라함과 이삭과 야곱을 통해 약속하신 이스라엘 후손들에 대한 땅의 소유권은 그 누구도 뺏을 수 없고 철회될 수 없었다. 이러한 땅 언약의 성취, 그것이 1948년 이스라엘의 독립이다.

사해사본 발견

UN이 이스라엘의 독립국가 건설을 승인하던 1947년에 또 하나의 사건이 일어난다. 그것은 성경 사본인 사해사본의 발견이다. 사해사본이란 이스라엘의 사해 근처에서 발견되었기 때문에 그렇게 이름이 붙여진 것이다.

1947년 당시, 구약 전체가 기록된 사본 중에서 가장 오래된 것은 1008년경 기록된 레닌그라드 사본이었다(950년경 기록된 알레

포 사본은 상당 부분의 내용 소실). 그런데 이 성경 사본의 진위에 대한 논란과 공격이 있었다. 무엇보다 1008년경에 기록된 레닌그라드 사본의 내용이 예수님께서 사역하시던 당시(AD 27~30년경)에 보시던 내용과 같으냐는 것이다.

그러한 상황에서 1947년 어느 가을 날, 베두인 목동들이 잃어버린 양을 찾아 헤매다가 양이 들어갈 수 있을 만한 구멍에 돌을 던져 보았다. 그런데 안에서 뜻밖에도 양 울음소리가 아닌 쨍그랑하는 그릇에 부딪히는 소리가 난 것이었다.

호기심에 이끌린 그들은 동굴 안에 들어가 항아리와 그 속에 든 두루마리를 발견하였는데 그것이 사해사본이다. 중요한 것은 이 사본이 언제 기록되었느냐 하는 것인데, 놀랍게도 BC 250년경에 기록된 것이었다. 즉, 1947년 당시 가지고 있었던 레닌그라드 사본보다 무려 1250년 이전에 기록된 사본이었던 것이다.

더 경이로운 것은 레닌그라드 사본(1008년 기록)과 사해사본(BC 250년경 기록)이 약 1250년이라는 세월의 간격이 있는 데도 불구하고, 이 두 성경사본의 내용이 똑같았다는 것이다. 이로써 성경 진위에 대한 논란이 완전히 잠재워지게 되었던 것이다.

사해사본 발견의 의미는 무엇인가? 성경의 무오함을 이 땅에 확고하게 선포한 것이다. 성경은 확실한 하나님의 말씀이라는 것이다. 또 한 가지 중요한 것은 사해사본이 이스라엘의 독립시점과 맞물려 발견되었다는 것이다. 하나님께서는 성경의 진위 논란을 이스라엘의 회복시점에 종지부를 찍으시고, 이스라엘의 독립과 더불어 새로운 영적 출발을 할 수 있도록 하신 것이다.

사해사본이 발견 되었던 동굴(상)과 항아리(중), 성경이 기록된 양피지(하)

사해사본의 발견과 이스라엘의 독립을 각각 별도로 구분해서 볼 것이 아니라, 같이 연결해서 봐야 한다. 하나님은 AD 70년 멸망 이후 무려 1900년간 이 땅에 없던 이스라엘을 독립시키시면서, 이스라엘이라는 하드웨어와 함께 성경의 권위 회복이라는 소프트웨어를 함께 회복시키신 것이었다. 실로 하나님을 찬양하지 않을 수 없다.

어찌 보면 1948년 이루어진 이스라엘의 독립은 1945년부터 구체적으로 준비되었다. 600만 유대인 학살을 저질렀던 히틀러는 1945년 4월 30일에 죽게 된다. 그냥 죽은 것이 아니라 자살을 하게 된 것이다. "너를 저주하는 자에게 저주하리니"(창 12:3)의 말씀대로 독일은 제2차 세계대전에서 패망했고 히틀러는 스스로 목숨을 끊었다. 그리고 1945년 10월 24일에는 이스라엘의 건국을 승인할 UN이 창설된다. 즉, 1945년 히틀러의 자살로 저주의 세력은 없어졌고, UN의 창설로 이스라엘의 독립을 위한 기반이 구축된 것이다. 그리고 2년 뒤인 1947년에

UN의 이스라엘 독립국가 승인과 사해사본 발견에 이어 1948년에 이스라엘 독립이라는 하나님의 역사가 잇따라 일어난 것이다.

네 번의 중동전쟁

제1차 중동전쟁

이스라엘의 독립선언문이 울려 퍼지던 시간, 바깥에서는 포성이 진동치기 시작했다. 이스라엘의 독립을 용납할 수 없었던 아랍국들은 네 번의 중동전쟁을 일으키게 되는데, 그 첫 번째 전쟁이 이스라엘 독립선언 바로 다음날 있었던 제1차 중동전쟁이다.

5개 아랍국(이집트, 요르단, 레바논, 시리아, 이라크)이 연합해서 이스라엘을 공격하기 시작한 것이다. 이제 신생국가인 이스라엘은 공격해 오는 아랍 연합군에 비해 군사력에서 상대가 되지 않았다. 그야말로 다윗과 골리앗의 싸움이었다.

하지만 1949년 1월, UN의 중재로 휴전이 되었을 때 전쟁 결과는 놀라웠다. 아랍측이 군사적으로 월등히 앞섰음에도 불구하고 이스라엘이 승리했기 때문이다.

영토도 당초 UN이 배분한 것(이스라엘 51%, 팔레스타인 49%)보다 더 많이 차지하게 되었다. 요르단강 서안지구(West Bank)와 가자지구(Gaza Strip)를 제외한 이스라엘 땅의 70%를 확보하게 된 것이다.

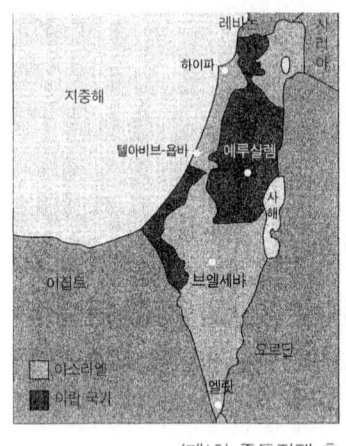 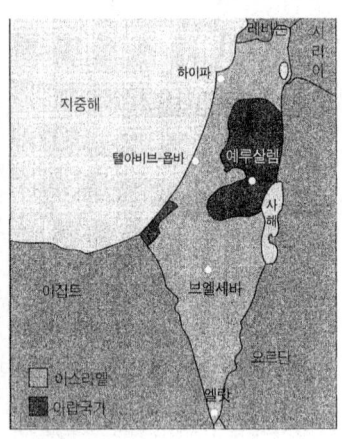

UN의 팔레스타인 분할계획
(이스라엘, 팔레스타인 2개 국가 건설 : 1947.11.29)

독립전쟁(1948~1949)
(UN 분할 계획보다 넓은 지역 점령)

〈제1차 중동전쟁 후 이스라엘 영토 변화〉

제2차 중동전쟁

1956년 제2차 중동전쟁이 일어난다. 이집트는 요르단, 시리아와 연합해서 이스라엘과는 공존할 수 없다고 천명한다. 그리고 수에즈 운하의 국유화를 선언하면서 이스라엘 선박의 운하 통과를 금지시켰다. 그러자 수에즈 운하의 공동 주식지분을 가졌던 영국, 프랑스 연합군이 이집트를 공격하였고, 이스라엘 또한 이 운하를 찾기 위해 군사 작전을 취했다. 결국 이 전쟁도 이스라엘의 승리로 끝나게 되었다. 제2차 중동전쟁은 이스라엘이 시나이반도를 점령했다가 돌려주기 때문에 일명 '시나이 전쟁' 이라고도 한다.

테러조직의 등장

두 번의 전쟁을 모두 패한 아랍인들은 이제 정규전으로는 이스라엘을 이길 수 없다는 생각을 하고, 새로운 투쟁의 방법으로 '테러'를 감행하는 무력단체를 구성한다. 1964년 창설된 PLO(팔레스타인 해방기구, Palestine Liberation Organization)가 그것이다. PLO 테러범들은 1972년 뮌헨올림픽 당시 선수촌에 침입해 이스라엘 선수 11명을 살해하며 세계를 경악케 하기도 했다.

〈PLO가 뮌헨올림픽때 테러를 감행하여 이스라엘 선수 11명 살해〉

〈아흐마드 야신〉

PLO는 처음에는 이스라엘에 대해서 강경하다가 이후에는 온건한 노선을 걷게 된다. 그러자 팔레스타인 내부의 강경파들이 모여서 아흐마드 야신의 주도로 1987년에 급진적인 반이스라엘 테러조직을 만들게 되는데 그것이 하마스이다. 하마스는 열정, 용기라는 뜻이며 목표는 이스라엘을 멸망시키고 이스라엘 땅에 이슬람 국

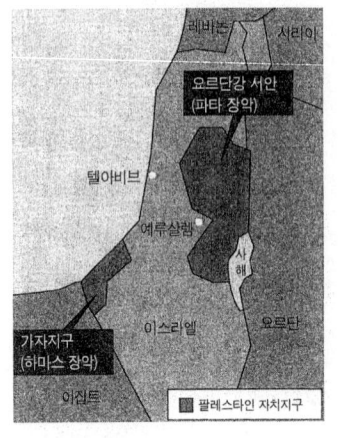

가를 건설하는 것이다. 2006년 1월에 온건파인 파타당을 누르고 팔레스타인의 정권을 장악했다.

팔레스타인의 가자지구는 강경파인 하마스가, 요르단강 서안지구는 온건파인 파타당이 장악하고 있다.

제3차 중동전쟁

1967년, 이스라엘 역사에 있어서 매우 중요한 전쟁이 일어난다. 6일(1967. 6. 5~10)만에 종식된 전쟁이라고 해서 '6일 전쟁'으로 알려진 제3차 중동전쟁이다. 이집트가 시나이·수에즈 전쟁의 굴욕에 대한 보복으로 시작하여 요르단, 시리아, 이라크와 연합해서 '유대인을 지중해에 몰아넣자'며 공격한 것이다.

이스라엘은 6일만의 전투 끝에 북부, 동부, 남부 등 모든 전선에서 승리를 하며 세계를 놀라게 한다. 북부 전선에서는 시리아에 승리해 골란고원을 차지하며, 동부전선에서는 요르단을 물리치고 요르단강 서안 지역(동예루살렘 포함)을 탈환하게 된다. 그리고 남부 전선에서는 이집트에 승리해 가자지구와 시나이반도를 점령하게 된다.

이때 동예루살렘은 이스라엘에 합병시켰으나 골란고원, 요르단

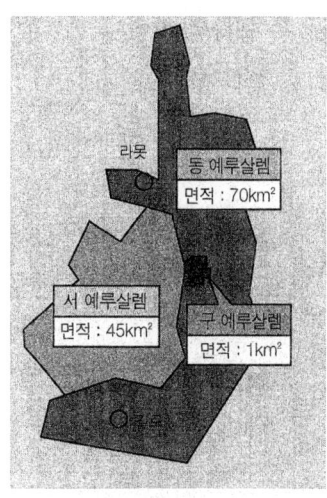

〈예루살렘 개념도〉

강 서안 지역, 가자 지역, 시나이반도 지역은 합병하지 않고 단지 군사적 점령 지역으로 남겨 두었다. 그러나 시나이반도는 이후 이집트에 반환했으나(1982. 4. 25), 그 외의 지역은 지금까지 철수하지 않고 있어 갈등이 지속되고 있다.

6일 전쟁이 중요한 의미를 지니는 것은 무엇보다 동예루살렘을 탈환했기 때문이다. 동예루살렘은 구약시대부터 내려오는 예루살렘 지역('구 예루살렘(old city)'이라고 함)이 있는 곳이며, 구 예루살렘(old city)은 예수님께서 활동하셨던 중심지일 뿐만 아니라, 특히 그곳에 있는 성전산은 아브라함이 이삭을 바치려고 했던 장소이자 솔로몬 성전이 있던 장소로 성지중의 성지이기 때문이다.

또한 성전산은 아랍인들도 매우 중요하게 여긴다. 왜냐하면 그들은 성전산을 사우디아라비아의 메카(무하마드 출생지), 메디나(이슬람교 원년이 된 곳이자 무하마드 무덤이 있는 곳)와 더불어 3대 성지로 여기기 때문이다. 그래서 무하마드가 백마를 타고 왔다는 지점에는 엘악사 사원을 세웠고, 그가 승천한 장소로 믿는 곳에는 황금돔 사원을 세웠다.

1967년 6일 전쟁으로 이스라엘이 동예루살렘을 차지하기는 했으나 이슬람 사원이 있는 성전산 지역은 여전히 아랍의 관할 하에 있으며, 그곳에 들어가지 못하는 유대인들은 통곡의 벽에서 기도할 뿐이다. www.thekotel.org에 접속하면 통곡의 벽을 실시간으로 볼 수 있다.

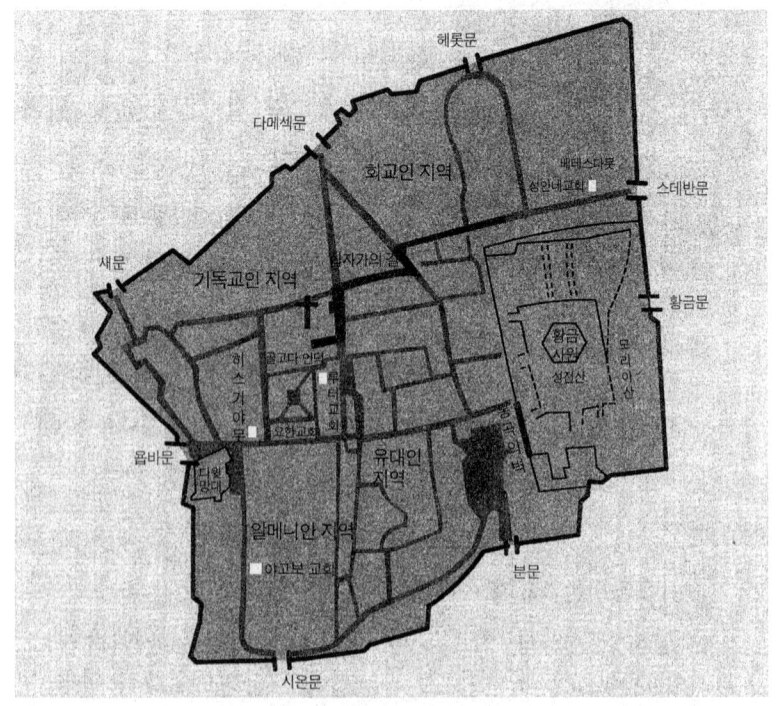

〈구 예루살렘 내부〉

위의 그림에서 보듯이 성경 속의 예루살렘에 해당하는 지역은 그 장황한 역사만큼이나 복잡하다. 1평방 킬로미터(약 30만평)밖에 되지 않는 그곳은 기독교인 지역, 회교인(아랍) 지역, 유대인 지역, 알메니안 지역 등 4곳으로 나뉜다.

첫 번째, 기독교인 지역은 예수님께서 십자가를 지시고 죽으신 지역으로 중요한 성지인 성묘교회가 있다. 두 번째, 회교인 지역(이슬람 지역)은 구 예루살렘 지역에서 가장 넓은 장소로서 '비아 돌로로사(Via Dolorosa' (십자가의 길)가 시작되는 장소와 성전산 지역을 포함한다. 세 번째, 유대인 지역은 옛 성전의 서쪽 벽이 남아 있는 통곡의 벽이 있는 곳이다. 네 번째, 알메니안(아르메니안) 지역이다. 아르메니아인은 터키 동쪽 지역에 살고 있는 민족으로써 세계 최초로 기독교를 국교로 공인(301년)한 나라이다. 그러나 이후의 역사에서 끊임없는 박해를 받게 되자 그들 중 일부가 일찍부터 예루살렘으로 이주해 와 살게 되어 오늘날의 거주 지역을 확보하게 되었다. 이곳에는 예수님의 동생 야고보를 기념하는 '야고보 교회'가 있다.

◆ 세계 3대 종교(유대교, 기독교, 이슬람교)가 중요시 여기는 성전산 ◆

종교	중요성
유대교	- 탈무드에 의하면 하나님이 세상을 창조하실 때 제일 중심이 되는 기초라 하여 초석이라는 뜻으로 "에벤하쉐티아"라고 부름 - 세계의 중심은 이스라엘, 이스라엘의 중심은 예루살렘, 예루살렘의 중심은 성전산 지역이라고 하여 성전산 지역을 '지구의 배꼽'으로 표현 - 유대인들의 성서주석인 〈미드라쉬〉에 의하면 하나님께서 흙으로 사람을 만드실 때 현재의 성전산 지역에서 흙을 취해 아담을 창조했다고 하며, 아브라함은 이삭을 번제로 바칠 후에 그곳에 성전이 세워질 것에 대한 환상을 보았다고 함
유대교 기독교	- 아브라함이 이삭을 바치려고 했던 곳 - 제1,2성전이 있던 곳
기독교	- 예수님 사역의 중심지 - 성전에서 가르치시고, 부정부패의 온상이 된 성전을 청결하게 하시고, 성전 모독죄로 핍박 받으심
이슬람교	- 이스마엘을 바쳤던 곳 - 무하마드가 승천한 곳으로 사우디아라비아의 메카(무하마드 출생지), 메디나(이슬람교 원년이 된 곳이자 무하마드 무덤 있는 곳)와 함께 3대 성지 중 하나

◆ 성전산의 역사 ◆

연도		역사	성경말씀
주전 (BC)	2066년경	아브라함이 이삭을 번제로 드리려 했던 모리아산이 현재의 성전산임	창 22:1~10
	가나안 시대	가나안 시대 가나안 원주민들이 섬기던 바알신전이 있던 곳이 현재의 성전산임	삼하 24:24~25
	다윗	다윗이 여부스 사람 아라우나에게서 은50세겔을 주고 사서 번제를 드린 곳이 현재의 성전산임	대하 3:1~14 왕상 6:37~38
	960년	솔로몬 왕이 성전(제1성전 시대, BC 960~586년)을 건축한 곳이 현재의 성전산임	왕하 25:8,9

주전 (BC)	586년	솔로몬 왕이 건축한 성전이 바벨론의 느부갓네살 왕에 의해 파괴됨	대하 36:19
	516년	바벨론 포로에서 돌아온 스룹바벨이 주축이 되어 성전을 재건함(제2성전 시대, BC 516~AD 70년)	슥 6:15
	20년경	헤롯 대왕이 제2성전을 크고 아름답게(눅 21:5) 건축하였으나 예수님께서는 이 성전을 청결하게 하심(요 2:13~22, 눅 19:45~46)	
주후 (AD)	70년	로마의 티투스(Titus) 장군이 제2성전 파괴	
	135년	로마 최고의 신인 주피터(영어식 표기, 그리스어로는 '제우스') 신전을 세움	
	비잔틴 시대	기독교 건물로 사용함	
	614년	페르시아(바사)에 의해 주피터 신전이 파괴됨	
	691년	아랍국의 칼리프(무하마드의 후계자를 '칼리프'라고 함) 압둘 말릭 왕이 현재의 황금돔 사원 건축(715 : 압둘 말릭 왕의 아들 알 와리드 왕이 황금돔 사원 옆의 '엘 악사 사원' 건축)	
	현재	1967년 6일 전쟁으로 이스라엘이 성전산이 있는 동예루살렘 지역을 차지했으나, 실질적인 관할권은 여전히 아랍인에게 있기 때문에 이스라엘 백성들은 성전산에 들어갈 수 없고 '통곡의 벽'에 서서 기도 함	

◆ 성전산 내 황금돔 사원 자리의 변천사 ◆

> 아브라함, 이삭 바치려 했던 곳
> 가나안 족속의 바알 신전이 있던 곳
> 솔로몬 성전이 있던 곳 (제1성전)
> 헤롯 성전이 있던 곳 (제2성전)

> 예수님 사역의 중심지
> 로마, 주피터 신전을 세움
> 이슬람, 황금돔 사원 건축 (691년)

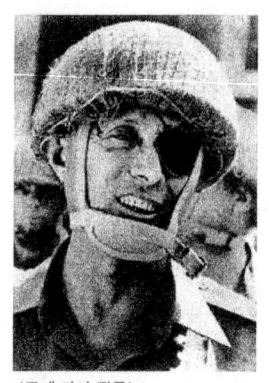
〈모세 다얀 장군〉

　6일 전쟁을 승리로 이끈 주역인 모세 다얀 장군은 당시 전쟁에 참가한 모든 젊은이들에게 성경을 나누어 주었다. 그리고 세계가 깜짝 놀랄 선언을 했다. 그것은 100배의 인구를 가진 아랍연합과 맞서는 전쟁에 맞서 승리할 새로운 무기가 있다고 선언한 것이다. 세계 사람들은 그것이 틀림없이 원자폭탄이나 수소폭탄을 능가하는 신무기일 것이라고 추측했다. 그러나 모세 다얀 장군은 사람들의 기대와는 전혀 달리 "우리를 승리하게 할 신병기는 바로 시편 121편"이라고 발표했다. "내가 산을 향하여 눈을 들리라 나의 도움이 어디서 올까 나의 도움은 천지를 지으신 여호와에게서로다"(시 121:1~2)

　또한 모세 다얀 장군은 입수된 모든 정보를 다 수집해서 분석해 봐도 이스라엘의 승산이 없다는 것을 알게 되었다. 그래서 그는 "우리는 과학으로 싸우지 않는다. 하나님이 도와주시면 된다. 우리는 이번 전쟁을 다음 안식일 전까지 끝내겠다"고 말했다. 그의 믿음 그대로 6일 전쟁은 안식일 다음날 시작해서 그 다음 안식일 전에 승리로 끝나게 되었다.

　비단 이 6일 전쟁만이 아니라, 이스라엘이 독립 후 겪은 4번의 중동 전쟁의 승리는 하나님의 도우심이 없이는 불가능한 것이었다. 1967년 당시 이스라엘에는 예수님을 믿는 유대인이 150여 명에 불과했으나, 이 전쟁의 승리로 차츰 예수님을 믿는 유대인이 증가하여 현재는 15,000여 명이 예수님을 구원자로 믿고 있다.

제4차 중동전쟁

1973년 10월에는 제4차 중동전쟁이 일어난다. 이 전쟁을 '욤 키플' 전쟁이라고 하는데, 이는 이스라엘 사람들이 오랫동안 지켜오고 있는 속죄일(히브리어로 '욤 키플')인 10월 6일에 일어난 전쟁이기 때문이다.

이스라엘 사람들이 금식하며 속죄일('욤 키플')을 지키고 있던 날, 아랍인들은 이스라엘을 공격했다. 이스라엘은 불리할 수밖에 없었다. 그러나 반격을 시작하자 전세는 완전히 역전되어 결국은 4차 중동전쟁도 이스라엘의 승리로 끝나게 되었다.

평화를 위한 노력

4번의 중동전쟁을 모두 실패한 아랍국은 새로운 이스라엘 정책을 내세우게 된다. 그 중 대표적인 나라가 이집트(성경에서는 '애굽'으로 나옴)이다. 이집트는 군사강국으로서 4번의 중동전쟁을 다 주도했던 나라이다. 그러나 미국 카트 대통령 주재로 1979년 3월에 이집트는 아랍국가 중 최초로 이스라엘과 평화협정을 체결하게 된다. 이 공로로 이집트 사다트 대통령과 이스라엘 베긴 수상은 노벨평화상을 받게 된다.

하지만 주변 아랍국들은 이스라엘과 평화협정을 맺는 이집트를 용납할 수 없었다. 그래서 아랍동맹국에서 이집트를 축출시켜 버리고 이집트 사다트 대통령은 자국 내 강경파에 의해 저격당하고 만다.

1991년, 걸프전에서 승리한 미국 부시 대통령은 스페인 마드리드에서 아랍 4개국(이집트, 시리아, 레바논, 요르단)과 평화회의를 개최하고, 그동안 테러집단으로 규정했던 PLO(팔레스타인 해방기구, 1964년 창설)를 평화협상의 대상으로 인정하는 놀라운 일이 일어나게 된다.

노벨 평화상을 수상하는 아라파트 의장, 시몬 페레스 외무장관, 라빈 총리(왼쪽부터)

이러한 평화를 향한 노력은 1993년 9월 워싱턴에서 개최된 '원칙선언'으로 결실을 맺었다. 이 선언의 주요 내용은, 1) 이스라엘과 PLO 양측은 상대방의 존재할 권리를 인정한다. 2) PLO는 테러 같은 폭력적 수단을 포기한다. 3) 이스라엘 궤멸을 목적으로 삼는 PLO 강령을 수정한다. 4) 향후 5년간 요단강 서안 지역과 가자지구에 팔레스타인 자치를 점진적으로 확대해 나간다는 것 등이다.

이 평화공존 체결의 공로로 이스라엘 라빈 총리와 페레스 외무장관, 그리고 비록 테러조직의 우두머리였지만 평화 노선을 택한 아라파트 의장은 공동으로 노벨평화상을 받게 된다.

하지만 평화로 가는 길은 쉽지 않았다. 1995년 11월에 이스라엘 라빈 총리는 자국 내 극우파 청년이 쏜 총에 저격당하고 만다. 그리고 테러조직인 PLO가 평화노선을 택하게 되자 이에 반대하는 세력들이 뭉쳐서 자살 폭탄테러를 서슴치 않은 새로운 극단적 폭력적 테러조직들을 만들게 된다. 그것이 하마스, 헤즈볼라, 이슬람 지하드 같은 세력들이다.

◆ 이스라엘과 대립하는 주요 무장 정파 ◆

구분	하마스	이슬람 지하드	파타	헤즈볼라
설립	1987	1979	1959	1982~1985
근거지	가자지구	가자지구 요르단강 서안지구	요르단강 서안지구	레바논
지도자	칼레드 마샬 이스마일 하니야	라마단 살라	마무드 압바스 파두크 카두미	하산 나스랄라
지원 세력	이란, 시리아	이란, 시리아	친미·친이집트 경향	이란, 시리아
주요 활동	• 2006년 팔레스타인 총선에서 승리 • 2007년 가자지구 무력장악, 이스라엘 남부에 로켓탄 공격	• 텔아비브와 예루살렘등에서 극우파 유대인 겨냥한 자살 폭탄테러 • 가자지구서 이스라엘 남부에 로켓탄 공격	• 팔레스타인 자치정부 주도 • 이스라엘과 평화협상 주도	• 2006년 이스라엘과 전쟁에서 사실상 승리 • 현재 레바논 내 최대 정당

3부

이스라엘 묵상

1장
"하나님이 자기 백성을 버리셨느냐?"

하나님께서 직접 만들기 시작하신 나라 이스라엘! 하나님께서는 세상 200여개 나라의 모범이 되는 나라, 즉 '제사장 나라'가 되도록 하기 위해 이스라엘을 손수 만드셨다. 아브라함과 이삭과 야곱의 후손을 통해 친히 '국민'을 만드셨고, 시내산에서 모세와 대면해 십계명과 율법이라는 '주권'을 주셨다. 그리고 여호수아가 가나안 땅을 정복해 '영토'를 차지하도록 하심으로써 마침내 한 나라의 구성요소인 국민, 주권, 영토를 갖추어 이스라엘 나라 만들기를 완성하셨다.

그리고 하나님은 그들을 손바닥에 새기시고 늘 잊지 않으셨다. 그러나 이스라엘은 하나님을 잊었다. 그리고 하나님을 떠났고 배반했다. 하지만 하나님은 결코 그들을 잊지 않으셨다. 이것을 보여주는 생생한 증거가 바로 이스라엘의 역사, '이스라엘, 고난과 회복의 시간표'인 것이다.

이스라엘 백성들은 BC 605년부터 바벨론 포로로 끌려가 BC 586년에 멸망한다. 이후 그들은 신구약 중간시대에 마카비 혁명으로 약 100년 간 독립한 것을 제외하고는 1948년 독립할 때까지 무려 2400여년 간 이방의 압제와 지배를 받으며 살아왔다. 그리고 로마에 멸망한 AD 70년 이후부터 독립할 때까지는 무려 1900년, 약 2000년간 이방의 지배를 받아온 것이다.

그러니까 이스라엘은 2000년이 넘는 세월동안 이 지구상에 없었던 것이다. 아니, 다른 사람도 아닌 창조주 하나님께서 직접 만드신 나라가 이 지구상에서 없어지다니!!

사람들은 말했다. "이제 중동 땅의 이스라엘은 끝났다. 더 이상 그들은 언약의 백성으로서의 지위를 가지고 있지 않다. 다 상실했다. 대신 이제는 교회가 영적 이스라엘로서 중동 땅의 이스라엘을 대신한다"라고. 이것이 다름 아닌 '대체신학'이라는 것이다. 육적인 이스라엘이 지구상에 존재하지 않으니, 이제 교회가 영적 이스라엘로서 모든 언약을 물려받았다는 것이다.

이것은 뻐꾸기 새끼에 비유될 수 있다. 뻐꾸기는 남의 둥지에서 새끼를 낳고, 자라면 그 둥지에 있던 진짜 새끼를 내쫓아 버린다고 한다. 교회가 이스라엘을 대하는 태도가 이와 비슷하지 않은가?

2000년을 넘는 세월 동안 육적 이스라엘이 존재하지 않던 상황 속에서 볼 때 결코 틀린 말이 아니다. 정말 하나님은 이해할 수 없다. 20년도 아니고 200년도 아닌, 무려 2000년이 넘는 기간 동안 자신이 만드신 나라를 지구상에 존재하지 않게 하시다니.

사람들은 차츰 육적 이스라엘에 대한 관심에서 멀어졌고 저주하기 시작했으며 더 힘을 내어서 멸절시켜야 한다고 목소리를 높였고 행동했다. 대신 영적 이스라엘인 교회에 관심을 집중하기 시작했으며, 어느 시점에서는 육적 이스라엘은 까마득하게 잊게 되었고, 영적 이스라엘만이 전부가 되었다.

그래서 사람들은 육적 이스라엘을 포기했고 잊었다. 하지만 '그들은 혹시 잊을지라도 하나님은 여전히 잊지 않고 계셨다.' 하나님은 처음에 이스라엘을 혼자 만드셨듯이, 또 다시 일으키기 시작하신다. 그것이 1800년대부터이다. 동유럽 등에서 반유대주의가 극심할 때이다. AD 70년에 예루살렘이 함락한 이후 무려 1700년이 지나서 하나님께서는 움직이기 시작한다. 정말 하나님께는 천년이 하루이신지, 왜 이리 늦으십니까?라고 반문하지만, 그것이 하나님의 때 아니었을까?

묵묵하고 과묵해 보이시는 하나님은 전 세계로 디아스포라(흩어짐)된 이스라엘 백성들을 1800년대부터 알리야(이민)하기 시작하신다. 하나님의 열심은 '국민' 만들기부터 다시 시작하시는 것이다. 그리고 알프레드 드레프스와 테오도르 헤르츨을 사용하셔서 하나님의 일에 동참하게 하시고, 엘리제르 벤 예후다를 통해 히브리어를 회복하게 하신다.

제1차 세계대전 중에는 이스라엘이 영국을 지원함으로써 인연을 맺게 하시고, 그런 영국은 1917년 벨푸어선언을 통해 유대국가 건설을 지지하게 된다. 제2차 세계대전 중에는 나치의 6백만 유대인 대학살이라는 사건을 통해 유대인들이 '유대국가' 건설의 꿈을 더 강력하게 갖도록 재촉하시고, 전 세계인들에게도 유대국가 필요성의 공감대를 형성시켜 주신다.

그리고 마침내 1947년 11월 29일, UN이 이스라엘의 건국을 승인하게 하시고 1948년 5월 14일에 독립 국가를 이루게 하신다. '영토', '주권'을 회복시키심으로써 2000년 동안 지구상에서 사라졌던 나라를 다시 세우신 것이다. 이 모든 일은 다 하나님께서 하신 일이다. 어찌 인간이 2000년 동안 없던 나라를 다시 세울 수 있겠는가? 불가능한 일이고, 상상조차 할 수 없는 일이다. 이스라엘의 독립은 하나님께서 하신 일이다.

그동안 이스라엘은 많은 고난도 당했다. 왜 그래야 했는가? 책임은 인간에게 있다. 하나님은 항상 해결책을 제시하신다. 하나님은 언제나 신실하고 옳으시기 때문이다.

중요한 것은 이스라엘의 독립을 보고 우리가 해야 할 일이 있다. 그것은 하나님께서 이스라엘을 포기하지 않으셨다는 사실을 빨리 깨닫는 것이다. 그러나 이것이 쉽지 않다. 왜냐하면 사탄이 이스라엘을 보지 못하도록 가로막고 있기 때문이다. 아래 예수님의 말씀 중 반복되는 중요한 단어가 있다. 무엇일까?

> "이에 비유로 이르시되 무화과나무와 모든 나무를 보라
> 싹이 나면 너희가 보고 여름이 가까운 줄을 자연히 아나니
> 이와 같이 너희가 이런 일이 일어나는 것을 보거든
> 하나님의 나라가 가까이 온 줄을 알라"(눅 21:29~31)

첫줄의 '보라', 둘째 줄의 '보고', 셋째 줄의 '보거든'이라는 단어이다. 성경에서 이스라엘은 무화과나무로 비유된다. 무화과나무, 즉 이스라엘이 싹이 나 독립하는 것을 '보면'은 계절의 끝인 여름(이스라엘의 계절은 가을-겨울-봄-여름 순으로 여름이 계절의 끝이다)이 가까운 줄을 어렵게가 아닌 '자연히' 아는 것처럼, 이스라

엘이 회복되는 일을 '보거든' 예수님의 재림, 즉 하나님 나라가 가까이 온 줄을 자연스럽게 알게 된다는 말씀이다.

그러나 이 중요한 일을 사탄이 가만히 뒷짐 지고 보고만 있겠는가? 온갖 수단을 다해 이를 못 보도록 공격하고 있다. 그래서 이스라엘의 독립을 영적인 눈으로 보기 힘든 것이다. 혹 사탄의 눈에 가려져 있는 것은 아닌가? 그래서 마치 엠마오 도상의 두 제자가 예수님과 함께 걸어가면서도 예수님을 보지 못했던 것처럼, 우리는 하나님께서 이스라엘을 회복하고 계시는 시대에 살고 있건만 이스라엘을 성경적인 관점으로 바라보지 못하고 있는 것은 아닌가?

또한 우리가 이스라엘을 제대로 보지 못하는 이유는, 이스라엘이 지구상에서 사라진 2000년이 넘는 세월동안 중동 땅의 이스라엘을 까마득하게 잊고 있었을 뿐만 아니라, 그 상황에 너무나 익숙해 있었기 때문이다. 그리고 교회가 영적 이스라엘로서 육적 이스라엘 자리를 100% 대신 차지해서 조금도 양보하지 않으려 하기 때문이다.

하지만 육적 이스라엘이 이 땅에 없던 사이에 하나님도 대체되었는가? 성경이 새롭게 쓰여졌는가? 인간의 해석이 달라졌을 뿐이다. 하나님은 그 자리에 그대로 계신다. 성경말씀도 그 말씀 그대로이다.

따라서 이스라엘이 지구상에 존재하지 않던 사이에 인간이 새롭게 해석을 내린 '대체신학'을 내려놓아야 한다. 왜냐하면 하나님께서 육적 이스라엘을 포기하지 않으셨고, 1948년에 다시 독립시키셨기 때문이다.

이스라엘의 멸망을 본 우리는, 이제 이스라엘의 독립도 보아야 한다. 그러나 안타깝게도 멸망은 보고 독립은 보지 못하고 있다. 설령 보아도 무감각하다. 그러나 지금까지 살펴 본 이스라엘의 역사는 하나님께서 이스라엘을 포기하지 않으셨다는 사실을 분명하고도 생생하게 보여주고 있다.

또한 하나님께서는 성경을 통해서도 이스라엘을 포기하지 않으셨음을 선포하고 있다. 하나님께서는 바울 사도를 통해 이렇게 말씀하신다. "하나님이 자기 백성을 버리셨느냐? 그럴 수 없느니라" (롬 11:1). 바울은 정통 유대인이었다. 그는 처음에는 예수님을 믿지 않았다. 대신 예수 믿는 사람을 결박하여 옥에 가두었을 뿐만 아니라 죽이기까지 했던 사람이다.

하지만 바울은 그런 형편없는 자신을 포기하지 않으신 하나님께서 자기 동족을 포기하셨겠냐고 반문하고 있는 것이다. '나도 이스라엘인이요 아브라함의 씨에서 난 자요 베냐민 지파일 뿐만 아니라, 이것은 자신이 유대인 중의 유대인임을 강조해서 말하고 있는 것이다. 그리고 심지어 예수 믿는 사람까지 죽였던 나인데 하나님께서 나를 포기하셨습니까? 나를 포기하지 않으셨듯이 내 동족도 포기하지 않았습니다!' 아니 바울이 말하는 것이 아니라, 하나님께서 말씀하고 계신 것이다. 그리고 하나님께서는 말씀하신다.

"낮에는 해를 주셔서 빛을 밝혀 주시고, 밤에는 달과 별들이 빛을 밝히도록 정하여 놓으시고, 바다를 뒤흔들어 파도가 소리치게 하시는 분, 그 이름은 만군의 주이시다. 주께서 이렇게 말씀하신다. 이 정해진 질서가 내 앞에서 사라지지 않는 한, 이스라엘 자손도 내 앞에서 언제까지나 한 민족으로 남아 있을 것이다. 나 주의 말이다. 나 주가 말한다. 누가 위로 하늘을 다 재고, 아래로 땅의 기초를 다 측정할 수 있다면, 나도 이스라엘의 모든 자손이 한 온갖 일들 때문에 그들을 버릴 수 있을 것이다. 나 주의 말이다"(렘 31:35~37/표준새번역)

누가 해와 달의 질서를 하나님 앞에서 사라지게 하겠는가? 하나님께서 없애시지 않는 이상 영원할 것이다. 이스라엘도 마찬가지라는 것이다. 또한 누가 하늘과 땅을 다 측량할 수 있겠는가? 만약 누군가가 그렇게 할 수 있다면 하나님께서도 이스라엘을 버리시겠다고 하시나, 과연 누가 하늘과 땅을 측량할 수 있겠는가? 하나님께서 이스라엘을 포기하지 않으셨다고 강조하는 이 음성을 들을 수 있기를 바란다.

이처럼 이스라엘을 포기하지 않으신 하나님은 우리도 포기하지 않으신다. 하나님께서는 이스라엘을 통해 결코 우리를 포기하지 않으시는 하나님의 성품을 생생하게 보여주고 계신다. 불순종하고 우상숭배하고 각기 제 갈 길로 갔는데도 왜 하나님께서는 포기하지 않으셨을까? 하나님의 은혜이고 사랑 때문이다. 내가 포기한다고 되는 것이 아니라, 하나님께서 포기하셔야 한다. 그러나 하나님은 결코 나를 포기하지 않으신다. 따라서 어떤 일이 있더라도 좌절하지 말자.

하나님이 이스라엘을 버리지 않으신 증거

1. 역사적 증거

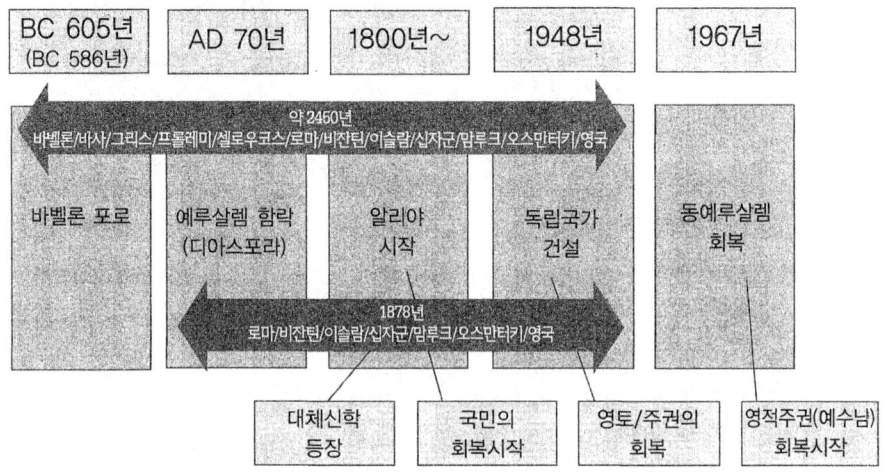

2. 성경적 증거

"하나님이 자기 백성을 버리셨느냐? 그럴 수 없느니라
나도 이스라엘인이요, 아브라함의 씨에서 난 자요, 베냐민 지파라
하나님이 그 미리 아신 자기 백성을 버리지 아니하셨나니"(롬 11:1~2)

다만, 하나님께서는 잠시 이스라엘을 버리셨고 진노하셨다. "내가 잠시 너를 버렸으나 큰 긍휼로 너를 모을 것이요 내가 넘치는 진노로 내 얼굴을 네게서 잠시 가렸으나 영원한 자비로 너를 긍휼히

여기리라"(사 54:7~8)고 말씀하셨다. 이 말씀에 따라 하나님께서 큰 긍휼과 영원한 자비로 이스라엘에게 사랑을 베푸셔서 그들을 다시 일으켜 세우신 것이다.

그 '잠시'의 기간이 2000년이라는 세월이었던 것이다. 이제 그 '잠시'가 지났다. 그래서 이스라엘은 회복되었다. 마찬가지로 우리도 '잠시' 빠졌던 '대체신학'에서 회복되어 육적 이스라엘도 온전하게 볼 수 있기를 바란다. 왜냐하면 하나님께서 그들을 포기하지 않으셨기 때문이다.

이스라엘의 넘어짐은 일시적이었다. 복음이 이방 세계에 전해지게 하기 위한 하나님의 비밀스러운 경륜이었던 것이다. 유대인과 이방인의 관계는 우열이 아닌 순서개념이다.

"내가 복음을 부끄러워하지 아니하노니
이 복음은 모든 믿는 자에게 구원을 주시는 하나님의 능력이 됨이라
먼저는 유대인에게요 그리고 헬라인에게로다"(롬 1:16)

'이스라엘의 실패 → 이방인의 구원 → 이스라엘의 구원 → 모든 사람의 구원' 바울은 이것을 '신비'라고 말한다.

구원의 신비

이스라엘의 실패	"그러므로 내가 말하노니 그들이 넘어지기까지 실족하였느냐 그럴 수 없느니라 그들이 넘어짐으로 구원이 이방인에게 이르러 이스라엘로 시기나게 함이니라"(롬 11:11)
이방인의 구원	"너희가(이방인) 전에는 하나님께 순종하지 아니하더니 이스라엘이 순종하지 아니함으로 이제 긍휼을 입었는지라"(롬 11:30)
이스라엘의 구원	"이와 같이 이 사람들이(이스라엘 백성) 순종하지 아니하니 이는 너희에게(이방인) 베푸시는 긍휼로 이제 그들도 긍휼을 얻게 하려 하심이라"(롬 11:31)
모든 사람의 구원	"하나님이 모든 사람을 순종하지 아니하는 가운데 가두어 두심은 모든 사람에게 긍휼을 베풀려 하심이로다"(롬 11:32)

"이 신비"
로마서 11장 25절

"형제들아 너희가 스스로 지혜있다 하면서 이 신비를 너희가 모르기를 내가 원하지 아니하노니 이 신비는 이방인의 충만한 수가 들어오기까지 이스라엘의 더러는 우둔하게 된 것이라. 그리하여 온 이스라엘이 구원을 받으리라"(롬 11:25~26)

이 신비를 깨닫는다면 우리도 바울처럼 하나님의 깊은 지혜와 지식을 찬양할 수밖에 없을 것이다.

"깊도다 하나님의 지혜와 지식의 풍성함이여,
그의 판단은 헤아리지 못할 것이며 그의 길은 찾지 못할 것이로다
누가 주의 마음을 알았느냐 누가 그의 모사가 되었느냐
누가 주께 먼저 드려서 갚으심을 받겠느냐 이는 만물이 주에게서 나오고
주로 말미암고 주에게로 돌아감이라 그에게 영광이 세세에 있을지어다 아멘"
(롬 11:33~36)

"하나님이 자기 백성을 버리셨느냐?" 이스라엘 고난과 회복의 시간표를 통해 보여주고자 한 것은 "그럴 수 없느니라"(롬 11:1)이다. 이스라엘 고난과 회복의 시간표는 로마서 11장 1절의 말씀에 대한 논증으로도 볼 수 있다.

"하나님이 자기 백성을 버리셨느냐?" 이에 대한 대답은 어린아이가 첨벙거리며 물놀이 하는 수준으로도 말할 수 있고, 코끼리가 헤엄칠 수 있는 깊이로도 말할 수 있다. 이스라엘 고난과 회복의 시간표를 묵상하면 할수록 이 대답의 깊이는 깊어질 것이다.

2장
"이스라엘 나라를 회복하심이 이때니이까?"

"사도와 함께 모이사 그들에게 분부하여 이르시되 예루살렘을 떠나지 말고
내게서 들은 바 아버지께서 약속하신 것을 기다리라
요한은 물로 세례를 베풀었으나 너희는 몇 날이 못되어
성령으로 세례를 받으리라 하셨느니라 그들이 모였을 때에 예수께 여쭈어
이르되 주께서 이스라엘 나라를 회복하심이 이때니이까 하니
이르시되 때와 시기는 아버지께서 자기의 권한에 두셨으니
너희가 알 바 아니요 오직 성령이 너희에게 임하시면 너희가 권능을 받고
예루살렘과 온 유대와 사마리아와 땅 끝까지 이르러 내 증인이 되리라 하시니라"

(행 1:4~8)

사도행전 1장 4~8절을 보면 예수님과 제자들의 지상에서의 마지막 대화가 나온다. 먼저 예수님께서 말씀하신다. "예루살렘을 떠나지 말고 내게서 들은 바 아버지께서 약속하신 것을 기다리라. 요한은 물로 세례를 베풀었으나 너희는 몇 날이 못 되어 성령으로 세례를 받으리라"

예수님께서는 정든 제자들과 이 땅에서의 이별을 앞두고 그들에게 성령이 임할 것을 말씀하신다. 그러자 예수님의 이 말씀을 들은

제자들은 이것이 이스라엘이 로마의 고통스러운 압제로부터 벗어나 과거의 영광스러웠던 다윗 왕국을 회복하는 새로운 시대가 임하는 표적은 아닐까 하고 생각한다.

그들은 BC 586년 바벨론에 의해 나라가 망한 이후 마카비 혁명으로 약 100년간 독립한 것을 제외하면 예수님과 마지막 대화를 하는 AD 30년 현재 약 500년간 나라 잃은 서러움을 겪으며 살아오고 있는 상황이기 때문에 꿈에도 그리던 것이 나라의 회복, 즉 로마의 지배로부터 해방되는 것이었다.

그래서 그들은 혹 성령이 임하면 이스라엘이 로마의 압제로부터 벗어나 정치적 독립을 하는 것은 아닌가 하고 궁금해서 예수님께 물었다. "주께서 이스라엘 나라를 회복하심이 이때니이까?" 그러자 예수님께서 대답해 주신다. "때와 시기는 아버지께서 자기의 권한에 두셨으니 너희가 알 바 아니요"(행 1:7)

여기서 중요한 것은 예수님께서 제자들의 질문이 쓸데없는 질문이라거나 잘못된 질문이라고 말씀하지 않으셨다는 사실이다. 혹 제자들의 이 질문이 당시 예수님께서 이스라엘 나라를 회복하셔서 왕이 되시면 덩달아 한 자리씩 하려고 했던 욕망에 사로잡힌 질문이라며 제자들을 어리석게만 보고 있지는 않는가? 만약 우리가 500년 넘는 세월 동안 다른 나라의 지배를 받고 살았다면 어떠했을까?

제자들의 질문이 믿음이 없는 질문이라거나 어리석은 질문이라고 말하는 것은 무리가 있다. 왜냐하면 그들의 소원은 이방의 지배에서 벗어나는 것이었으며 이 질문에 대해 예수님께서는 한마디도 꾸짖지 아니하시고 그들이 간절히 알기 원하는 그 소원에 대해서 대답을 해주시기 때문이다. 그들의 필요를 아셨던 것이다.

그래서 예수님의 답변에는 이스라엘의 회복이 암시되어 있다. 즉, 예수님의 말씀을 풀어보면 '너희들이 원하는 이스라엘의 회복은 있을 것이다. 그러나 "때와 시기는 아버지께서 자기의 권한에 두셨으니 너희가 알 바 아니요"' (행 1:7)라는 말씀인 것이다.

예수님께서 이 말씀을 하신 때는 AD 30년경이다. 그러면 예수님께서 말씀하셨던 아버지께서 자기의 권한에 두셨던 "때와 시기"는 왔는가? 아직 오지 않았는가? 우리는 이 "때와 시기"에 관심을 두어야 한다. 왜냐하면 이스라엘 회복의 때와 시기가 있을 것이라고 말씀하셨기 때문이다.

지금까지 살펴보았듯이 그 때와 시기는 왔다. 1948년 5월 14일 이스라엘이 독립한 그날이 '아버지께서 자기의 권한에 두셨던 그 때와 시기'인 것이다. AD 70년에 이스라엘이 로마에게 완전히 멸망된 후 1878년 만에 이스라엘 나라가 회복된 것이다.

그러나 우리는 이 말씀의 성취에 너무 무감각해 있지 않은가? 왜 이스라엘의 회복의 "때와 시기"에 관심을 가져야 하는가? 그것은 단지 이스라엘이라는 한 나라에만 국한되는 문제가 아니기 때문이다. 예수님께서는 말씀하셨다. "무화과나무의 비유를 배우라 그 가지가 연하여지고 잎사귀를 내면 여름이 가까운 줄을 아나니 이와 같이 너희도 이 모든 일을 보거든 인자가 가까이 곧 문 앞에 이른 줄 알라"(마 24:32~33)

우리나라는 사계절이 봄, 여름, 가을, 겨울 순이지만 이스라엘은 가을, 겨울, 봄, 여름 순으로 여름이 계절의 끝이다. 즉, 예수님께서 하신 이 말씀은 '무화과나무의 상태를 보고 계절의 끝인 여름이 온 것을 알 수 있듯이, 이스라엘의 상태를 보고 이 세상의 끝인 종말이 가까이 곧 문 앞에 이른 줄 알아라'는 것이다. 히브리어로 '여름'과 '종말'의 어원이 같다는 것을 알면 이 말씀이 더 분명해진다.

그래서 이스라엘을 구속사(구원+역사)의 시계라고 하는 것이다. 하나님께서 이스라엘을 회복시켜 주신 것은 이제 우리가 구속사의 남은 시간을 정확히 알아야 할 시점에 와 있기 때문이다. 시간이 '가까이 곧 문 앞에' 이르렀기 때문에 정신을 차리고 깨어 구속사의 시간 흐름을 잘 보라고 1948년에 이스라엘을 회복시켜 주신 것이다.

그러면 현재 구속사의 시간은 몇 시쯤 되었을까? 짐작컨대 분명한 것은 이미 반은 넘어 섰다는 것이다. 독립이라는 이스라엘의 육적 회복을 통해 하나님께서는 최소한 구속사의 시간이 반환점을 돌았음을 알려주시고, 이제 남은 반은 이스라엘의 영적인 회복에 집중하라고 사인을 주신 것이다.

놀라운 사실은 1967년 동예루살렘이 회복되고 난 이후에 예수님을 믿는 유대인들도 늘어나고 있다는 점이다. 이제 그들도 예수님을 메시야로 인정하는 것이다. 이 영적인 회복의 속도는 더욱 가속화될 것이고 빨라질 것이다.

우리는 이러한 구속사의 흐름을 간과해서는 안 된다. 그리고 예수님께 물어 보아야 한다. "이스라엘 나라를 회복하심이 이때니이까?" 예수님 승천 당시 제자들은 이스라엘의 육적 회복에 대해서 물은 것이지만, 오늘날 우리는 이스라엘의 영적 회복에 대해서 묻는 것이다. 우리의 이 질문에 대해 예수님은 뭐라고 대답하실까? "때와 기한은 아버지에게 있다"고 제자들의 답변과 같이 미래적으로 대답하실까? 그렇지 않으실 것 같다. '이미 이스라엘의 회복이 시작되었다. 국가가 회복되었고, 이제 영적 회복이 진행되고 있다. 이런 구속사의 흐름을 못보고 있다니 안타깝구나. 깨어라! 그리고 눈을 들어 구속사의 시계인 이스라엘의 상태가 어떻게 흘러가고 있는지 보아라'고 말씀하시지 않을까?

여기에 우리의 사명이 있다. 그것은 사도행전 1장 8절이다. 예수님께서는 이스라엘이 회복되고 있는 이 시점에 다시 한 번 우리에게 말씀하신다. "오직 성령이 너희에게 임하시면 너희가 권능을 받고 예루살렘과 온 유대와 사마리아와 땅 끝까지 이르러 내 증인이 되라" 제자들은 예수님의 이 명령에 따라 육적 이스라엘의 회복에 대한 관심은 잠시 접어두고 예루살렘과 온 유대와 사마리아와 땅 끝까지 이르러 복음을 전했다.

이제 이 시대에 사도행전 1장 6~7절의 이스라엘 회복의 성취를 본 우리는 사도행전 1장 8절의 말씀 중 특별히 '예루살렘과 온 유대와 사마리아'의 영적 회복에 관심을 가져야 한다. 왜냐하면 예수님께서 가장 강조하셨던 그곳에 예수님이 안 계시기 때문이다. '땅 끝'도 가야 한다. 그러나 '예루살렘과 온 유대와 사마리아'도 가야 한다. 왜냐하면 예수님께서는 천국복음이 세상 모든 민족에게 증거되고(마 24:14), 이스라엘이 회복되어 예수님을 메시야로 인정할 때(마 23:39) 오실 것이기 때문이다. 세계선교와 이스라엘 선교라는 두 수레바퀴가 함께 가는 것이다.

- 세계선교 : "이 천국 복음이 모든 민족에게 증언되기 위하여 온 세상에 전파되리니 그제야 끝이 오리라"(마 24:14)
- 이스라엘 선교 : "너희는 찬송하리로다 주의 이름으로 오시는 이여 할 때까지 나를 보지 못하리라"(마 23:39)

예수님께서는 사도행전 1장 8절에서 이스라엘 선교와 세계선교를 동시에 말씀하고 계신다. 특별히 이스라엘에 대한 애착은 아주 구체적이시다. 사도행전 1장 8절에 나오는 네 개의 지명인 '예루살렘과 온 유대와 사마리아 땅 끝'을 두 개로 함축하면 이스라엘(예루살렘, 온 유대, 사마리아)과 땅 끝이다. 그래서 예수님은 사도행전 1장 8절을 간략하게 "오직 성령이 너희에게 임하시면 너희가 권능을 받고 '이스라엘과 땅 끝까지' 이르러 내 증인이 되리라"고 말씀하셨을 수도 있었을 것이다. 그러나 그렇게 하지 않으셨다.

왜 그러셨을까? 예루살렘은 예수님께서 사역하셨던 곳이라고 제자들이 대충 건너뛸까 봐, 유대는 그곳의 대표 지역인 예루살렘만 하고 다른 곳은 복음을 전파하지 않을 까봐, 사마리아는 이스라엘과 한민족이었으나 이방인과 결혼함으로써 혼혈족이 되었다고 서로 상종하지 않는 지역이라 가지 않을까 봐 이렇게 구체적으로 말씀하시지는 않았을까? 마치 어머니가 아이를 걱정하며 신신당부하듯이 가장 기본적이면서 중요한 지역을 놓칠까봐 강조하고 또 강조하신 것이다. 이처럼 사도행전 1장 8절에는 땅 끝까지 복음이 전파되기 원하시는 예수님의 꿈과 함께 이스라엘에 대한 예수님의 특별한 사랑이 담겨있다.

그래서 당시 제자들은 예루살렘과 유대와 사마리아를 거쳐 이방으로 복음을 전했던 것이다. 그러나 지금의 우리는 어떠한가? 예루살렘과 유대와 사마리아는 간과하고 있지는 않은가? 땅 끝에만 관심을 두고 있지는 않은가? 그렇다. 어떤 분들은 중동 땅의 이스라엘은 끝났다고 말한다. 왜냐하면 그들은 예수님을 죽인 백성들이고, 교회가 영적 이스라엘로서 육적 이스라엘을 대체했다고 보기 때문이다.

이제 우리 기독교인들이 관심을 가져야 할 것은 이스라엘 땅에 교회가 회복되게 하는 것이다. 이스라엘이 예수님을 구원자로 받아들이고 그분을 예배하도록 돕는 것이다. 우리의 최종 목표는 이스라엘을 향한 선교운동이나 심포지엄이 아니라 그 땅에 예배가 회복되게 하는 것이다. '찬송하리로다 주의 이름으로 오시는 이여' 고백하게 하는 것이다.

1948년에 이스라엘이 정치적으로 독립하고, 1967년에 동예루살렘이 회복된 것은 회복의 시작에 불과하다. 사도행전 2장의 오순절 성령의 역사도(행 2:1~13) 새롭게 회복되어야 한다. 당시 오순절의 주인공들은 모두 유대인이었다. 마찬가지로 이 시대의 이스라엘 백성들에게 다시 한 번 오순절의 성령이 임하여, "그리하여 온 유대와 갈릴리와 사마리아 교회가 평안하여 든든히 서 가고 주를 경외함과 성령의 위로로 진행하여 수가 더 많아지니라"(행 9:31)는 부흥의 회복이 있기를 소망한다.

3장
이스라엘을 향한 하나님의 마음

이스라엘을 향한 하나님 아버지의 마음은 어떠하실까? 그것은 자녀가 아플 때 차라리 내가 아팠으면 하는 자녀를 애틋하게 사랑하는 엄마의 마음이다. "여인이 어찌 그 젖 먹는 자식을 잊겠으며 자기 태에서 난 아들을 긍휼히 여기지 않겠느냐 그들은 혹시 잊을지라도 나는 너를 잊지 아니할 것이라. 내가 너를 내 손바닥에 새겼고 너의 성벽이 항상 내 앞에 있나니"(사 49:15~16)

하나님께서는 이스라엘을 향해 잠시 사랑의 회초리를 드셨다. 그러나 아이를 때린 엄마의 마음이 더 아픈 것 이상으로 이스라엘을 향한 하나님 아버지의 마음은 너무도 아프시다. 그래서 하나님께서는 이렇게 말씀하신다.

"내가 잠시 너를 버렸으나 큰 긍휼로 너를 모을 것이요, 내가 넘치는 진노로 내 얼굴을 네게서 잠시 가렸으나 영원한 자비로 너를 긍휼히 여기리라 네 구속자 여호와께서 말씀하셨느니라"(사 54:7~8) '내가 잠시 너를 버렸지만 내 마음도 아프구나. 그러나 이제 너를 큰 긍휼로 다시 모으고 영원한 자비로 긍휼을 베풀 테니 힘내라 이스라엘아!' 하시는 하나님의 위로와 격려의 말씀인 것이다.

이스라엘을 향해 하나님은 이런 마음을 가지고 계시는데 사람들은 여전히 신학적 논쟁 속에 허우적거리고 있지 않은가?

이스라엘을 향한 예수님의 마음

이스라엘을 향한 예수님의 마음은 어떠하실까? 예수님은 이스라엘을 보시면 그저 눈물이 나신다.

"가까이 오사 성을 보시고 우시며 이르시되 너도 오늘 평화에 관한 일을 알았더라면 좋을 뻔하였거니와 지금 네 눈에 숨겨졌도다 날이 이를지라 네 원수들이 토둔을 쌓고 너를 둘러 사면으로 가두고 또 너와 및 그 가운데 있는 네 자식들을 땅에 메어치며 돌 하나도 돌 위에 남기지 아니하리니 이는 네가 보살핌 받는 날을 알지 못함을 인함이니라 하시니라"(눅 19:41~44)

복음서를 보면 예수님이 우신 기록이 2번 나온다. 한 번은 나사로의 죽은 소식을 듣고 우시는(요 11:35) 것이고, 또 한 번은 예루살렘 성을 보시며 우시는 것(눅 19:41)이다.

예수님의 마음

"예수께서 그가 우는 것과 또 함께 온 유대인들이 우는 것을 보시고 심령에 비통히 여기시고 불쌍히 여기사 이르시되 그를 어디 두었느냐 이르되 주여 와서 보옵소서 하니 예수께서 눈물을 흘리시더라"(요 11:33~35)

예수님께서 예루살렘을 보시며 눈물을 흘리셨던 자리에 세워진 눈물교회 외부(좌)와 내부(우)

"가까이 오사 성을 보시고 우시며 이르시되 너도 오늘 평화에 관한 일을 알았더라면 좋을 뻔하였거니와 지금 네 눈에 숨겨졌도다 날이 이를지라 네 원수들이 토둔을 쌓고 너를 둘러 사면으로 가두고"(눅 19:41~43)

요 11:35 '다크뤼오' → 비통한 마음으로 조용히 우시는 것
눅 19:41 '클라이오' → 큰 소리로 울부짖으며 흐느껴 우는 것

나사로의 죽은 소식을 듣고 우시는 것은 원어적으로 보면 '다크뤼오'라는 단어로 '조용히 우시는 것'을 말한다. 반면에 예루살렘성을 보시고 우시는 것은 '클라이오'라는 단어로 '흐느껴 울다', 즉 '큰 소리로 울부짖는 것'을 의미한다.

예수님은 예루살렘을 보시며 울부짖으셨다. 그러면 지금은 1948년에 이스라엘이 독립하고 1967년에 예루살렘 땅이 회복되어서 미소 짓고 계실까? 아니실 것 같다. 본질인 예수님을 영접하지 않고 있기 때문이다. 그 땅에 예수님이 없지 않은가? 언제 그들이 "찬송하리로다 주의 이름으로 오시는 이여!"라고 고백했는가? 예수님은 여전히 예루살렘을 보시며 계속 울고 계실 것 같다.

어쩌면 예수님은 이스라엘의 넘어짐으로 구원받은 우리 이방인들이 중동 땅의 이스라엘을 제대로 바라보지 못하는 것을 보시면서 더더욱 가슴 아파하실지도 모른다. 우리 기독교인들은 예수님의 이 눈물의 심정을 헤아려야 한다.

아버지의 품을 떠났던 탕자가 돌아오는 것처럼 이스라엘이 돌아오고 있다. 아버지는 아들이 집을 떠난 순간부터 매일 마을 입구까지 나가 아들을 기다렸다. 마침내 먼발치에 작은 아들이 보이자 아버지는 그를 보고 측은히 여겨 달려가 목을 안고 입을 맞추었다. 아들과 아버지는 울지 않을 수 없었다. 이 지점이 십자가이다. 구원이고 사랑이다. 그리고 아버지는 제일 좋은 옷을 입히고 가락지를 끼우고 새 신을 신기우고, 살진 송아지를 잡아 잔치를 베푼다. 이것이 이스라엘을 향한 하나님 아버지의 마음이다. 하나님은 이스라엘에게 독립과 회복이라는 잔치를 베풀어 주셨다.

그러나 문제는 큰 아들이다. 그는 동생을 환영하지 않았다. 오히려 불만이 가득하다. 몸은 늘 아버지와 함께 있었지만 마음은 동생보다 더 멀리 떠나 있었던 것이다. 이 시대에 회복되는 이스라엘을 보는 교회의 모습이 이러한 큰 아들의 모습 아닐까? 이스라엘이 지도상에서 사라졌던 2000년의 세월동안 교회는 자기중심적으로 변하지 않았는가? 중동 땅의 이스라엘은 없어졌으니 이제 교회가 큰 아들로서 작은 아들 자리를 완전히 독차지 했다며 기득권에 사로잡혀 있지는 않은가?

예수님께서는 로마군이 예루살렘을 멸망시킬 것을 보시며 "날이 이를지라 네 원수들이 토둔을 쌓고 너를 둘러 사면으로 가두고 또 너와 및 그 가운데 있는 네 자식들을 땅에 메어치며 돌 하나도 돌

위에 남기지 아니하리니 이는 네가 보살핌 받는 날을 알지 못함을 인함이니라 하시니라"(눅 19:43~44)고 말씀하셨고, 이 말씀은 AD 70년에 그대로 성취되었다.

그러나 이 말씀이 오늘날도 그대로 적용되고 있는지도 모른다. 로마가 아닌 교회가 이스라엘에 영적 토둔을 쌓아 사면으로 가두고 인정하지 않고 땅에 메어치고 있지는 않는가? 그래서 하나님은 이스라엘을 보살피시건만, 우리 이방 기독교인들은 하나님과 거꾸로 행동하고 있는 것 아닌가?

회복은 집을 떠났던 작은 아들인 '이스라엘'에만 필요한 것이 아니라 큰 아들인 '교회'에도 필요하다. 교회는 겸손히 이스라엘을 받아들여야 한다. 비록 아버지처럼 먼발치에 나가서 환영하지는 못했다 하더라도 잔치를 벌이는 아버지의 마음을 깨닫고 이스라엘을 인정해야 할 것이다. 아버지는 말한다. "네 동생은 죽었다가 살아났으며 내가 잃었다가 얻었기로 우리가 즐거워하고 기뻐하는 것이 마땅하다"(눅 15:32). 이 말씀에 나오는 동생이 이스라엘과 같지 않은가? 동생을 향한 이 마음이 이스라엘을 향한 예수님의 마음인 것이다.

예수님은 이스라엘을 보고도 마음이 아프시고 교회를 보고도 마음이 아프시다. 둘 다 소외되어져 있기 때문이다. 이스라엘은 예수님으로부터 소외되어져 있고, 교회는 하나님이 회복잔치를 베푸시는 이스라엘의 회복잔치로부터 소외되어져 있다. 둘 다 하나님의 사랑이 필요하다.

이스라엘도 교회도 예수님의 마음을 잘 헤아려야 할 것이다. 그래서 이스라엘은 '찬송하리로다! 주의 이름으로 오시는 이여' 하며 예수님을 영접해야 할 것이며, 우리 이방인들은 이렇게 돌아오는 이스라엘을 하나님과 함께 먼발치에 나가서 껴안아야 할 것이다. 그럴 때 하나님의 마음은 시원케 될 것이며, 예수님은 '한 새 사람'이 된 유대인과 이방인을 껴안으러 천군천사가 나팔을 부는 가운데 환하게 웃으시며 다시 오실 것이다.

이스라엘을 향한 바울의 마음

바울은 유대인이지만 '이방인의 사도'가 되었고 그 직분을 영광스럽게 여긴다고 했다(롬 11:13). 그러면 바울은 어떤 마음으로 이방인의 사도가 되기로 결정한 것일까? 부유하고 풍족한 가운데 그렇게 한 것일까? 결코 그렇지 않다.

바울은 예수님을 믿지 않는 자기들의 동족을 생각하면 마음이 찢어질 정도로 아팠다. 그래서 그는 이렇게 고백했다. "나의 형제 곧 골육의 친척을 위하여 내 자신이 저주를 받아 그리스도에게서 끊어질지라도 원하는 바로라"(롬 9:3) 그리스도에게서 끊어질지라도? 이것이 가능한 일인가? 불가능하다. 왜냐하면 아무리 내가 원한다 할지라도 예수님께서 나를 끊지 않으시기 때문이다.

더구나 바울은 바로 앞장인 로마서 8장 후반부에서 이렇게 선포했다. "누가 우리를 그리스도의 사랑에서 끊으리요? 환난이나 곤고나 박해나 기근이나 적신이나 위험이나 칼이랴? … 내가 확신하노니 사망이나 생명이나 천사들이나 권세자들이나 현재 일이나 장래 일이나 능력이나 높음이나 깊음이나 다른 어떤 피조물이라도 우리를 우리 주 그리스도 예수 안에 있는 하나님의 사랑에서 끊을 수 없으리라!"(롬 8:35~39)

이처럼 바울은 로마서 8장 끝부분에서 아주 단호하게 그리스도의 사랑에서 끊어질 수 없음을 선포했다. 그런 그가, 누구보다 그리스도의 사랑에서 끊어지는 것이 불가능한 일인 줄 잘 알면서도 로마서 9장이 시작하자마자 내가 그리스도의 사랑에서 '끊어질지라도' 좋으니, 내 동족 유대인들이 예수 믿기를 원한다는 안타까운 고백을 말하고 있는 것이다.

사실 바울은 '유대인의 사도'가 되기에도 바쁜 사람이었다. 그러나 그는 그것을 내려놓고 '이방인의 사도'가 되기를 결정했다. 그리고 이방인들에게 부탁했다. '여러분들이 예수님 잘 믿어서 내 동족이 시기나게 해서, 그들도 예수 믿게 해달라!' 이것이 이방인의 사도가 되어 우리에게 복음을 전한 바울의 호소이다. 따라서 우리는 바울에게, 유대인에게 복음의 빚진 자이다.

자신이 저주를 받아 그리스도에게서 끊어질지라도 동족 유대인이 구원받기를 원했던 바울의 그 심정이 우리의 마음속에 나팔소리로 울려 퍼지기를 바란다.

이스라엘을 향한 당신의 마음은?

이스라엘을 향한 하나님의 마음, 예수님의 마음, 바울의 마음을 헤아려 보았다. 이스라엘을 향한 당신의 마음은 어떠한가?

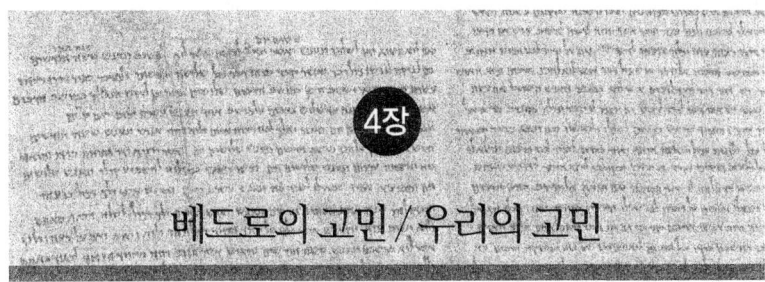

4장 베드로의 고민 / 우리의 고민

성경에 나오는 베드로의 성격은 급하고 충동적이고 다혈질적인 모습이다. 내향적이라기보다 외향적이다. 왠지 베드로에게 사색, 묵상, 고민이라는 단어는 잘 어울리지 않을 것 같다. 그런데 베드로도 갈릴리 호수를 바라보며 심각하게 고민해야 할 일이 하나 생겼다.

초대교회의 시작

초대교회는 유대인 중심이었다. 애당초 문제가 된 것은 유대인이 아니라 이방인이었다

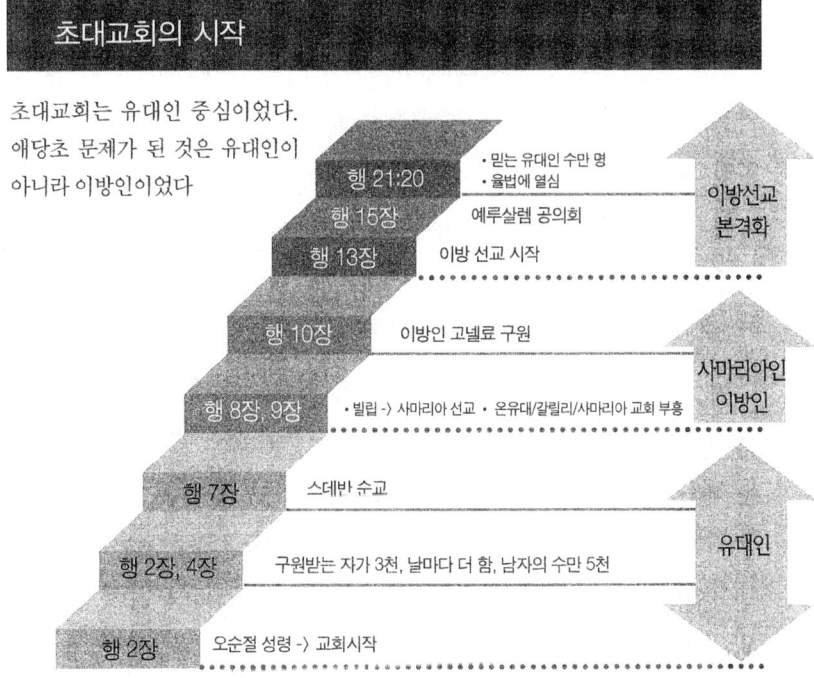

초대교회의 시작은 사도행전 2장의 오순절 성령강림에서부터 시작된다. 120명이 성령을 받고 뛰쳐나가 복음을 전한 것이 교회의 시작이다. 그 주인공이 바로 베드로이다. 사도행전 2장에서 성령의 능력으로 변화된 베드로는 "유대인들과 예루살렘에 사는 모든 사람들아"(행 2:14)라고 서서 소리를 높여 "누구든지 주의 이름을 부르는 자는 구원을 받을 것"을 선포한다. 그 결과 믿는 유대인의 수가 삼천 명, 오천 명을 넘어 날마다 더하게 된다.

사도행전 7장까지 복음은 유대인에게만 전파되었다. 당연한 것이었다. 사도행전 8장에서 사마리아에도 복음이 전파되지만 베드로는 별다른 갈등 없이 요한과 함께 가서 성령을 받도록 안수한다. 9장에서 베드로는 이스라엘 땅에 속한 룻다 지역에 가서 애니아라는 중풍병자를 고치고, 욥바 지역에서는 죽은 도르가를 살린다.

오순절에 성령이 임하고 교회가 세워진 이후 베드로는 계속해서 이스라엘 땅에서 유대인을 중심으로 복음을 전했다. 아무런 갈등이 없었다. 문제는 사도행전 10장이다. 베드로에게 환상이 임한다. 하늘이 열리고 한 그릇이 내려오는데 그 안에는 속되고 깨끗하지 않은 음식이 들어 있었다.

하나님께서 잡아먹으라고 명령하시나 베드로는 그럴 수 없다고 한다. 이 일이 세 번 반복된다. '세 번'이라는 숫자에 아픈 상처가 있는 베드로 아닌가? 예수님을 '세 번' 부인했고, 부활 후 예수님은 베드로에게 '세 번'이나 내 양을 먹이라고 하시자 그제서야 순종한다. 그리고 여기서 다시 '세 번'이나 음식환상이 보인다. 아무리 다혈질이고 충동적인 베드로도 '세 번' 소리가 들리면 고민에 빠질 수밖에 없나보다.

"베드로가 본 바 환상이 무슨 뜻인지 속으로 의아해 하더니…"(행 10:17). "베드로가 그 환상에 대하여 생각할 때에…"(행 10:19). 베드로는 고민에 잠겼다. 세 번이나 보여진 그 환상은 무엇을 말하는 것인가? 그러나 베드로는 아무리 생각해도 알 수가 없었다. 결국 성령님께서 그에게 말씀해 주심으로 비로소 알게 되었다. "네게 보여진 환상은 부정한 음식을 먹으라는 것이 아니라, 네가 속되다고 여기는 이방인, 즉 고넬료에게 찾아가서 복음을 전하라는 것이다."

당시 유대인은 이방인과 상종하지 않았다. 그런 상황에서 이방인에게 복음을 전한다는 것은 더더욱 있을 수 없는 일이었다. 베드로는 고민이 되었지만, 성령님의 말씀에 순종하여 이방인 고넬료를 찾아간다. 고넬료는 엎드려 절을 하며 베드로를 맞이한다. 그러자 베드로는 '나도 사람'이라며 유대인과 이방인의 구분이 아닌 똑같은 '인간'으로서 이방인 고넬료를 맞는다.

그리고 계속해서 말한다. "유대인으로서 이방인과 교제하며 가까이 하는 것이 위법인 줄은 너희도 알거니와 하나님께서 내게 지시하사 아무도 속되다 하거나 깨끗하지 않다 하지 말라 하시기로 부름을 사양하지 아니하고 왔노라"(행 10:28~29)며 고민이 되었지만 하나님의 명령에 순종해서 왔다고 말한다. 그리고 복음을 전함으로써 최초로 이방인이 구원을 받게 되는 역사가 일어나게 된다.

이처럼 최초로 이방인에게 복음을 전한 베드로를 유내인들은 어떻게 대했을까? "비난한다"(행 11:2). 그러나 베드로가 그동안 있었던 일들을 차례로 설명하자 마침내 그들도 "하나님께 영광을 돌려 이르되 그러면 하나님께서 이방인에게도 생명 얻는 회개를 주셨도다"(행 11:18)고 고백하게 된다.

하지만 문제가 생긴다. 그러면 이방인들이 예수님을 믿을 때 그들도 우리 유대인들처럼 할례를 받아야 하지 않는가? 논란 끝에 예루살렘에서 회의가 열리고(행 15장), 그 결과 이방인들은 할례를 받지 않아도 된다는 결론을 내리게 된다. 반면 유대인들은 하나님의 계약 백성으로서 그들이 받은 할례와 율법을 열심히 지키며 신앙생활을 한다("유대인 중에 믿는 자 수만 명이 있으니 다 율법에 열성을 가진 자라"〈행 21:20〉). 그러나 이제 유대인들이 지키는 율법은 전통으로써 지키는 것이지, 구원의 수단이 될 수는 없다. 왜냐하면 예수님만이 유일한 구원이시고 하나님께로 이르는 길이시기 때문이다.

여기서 볼 수 있는 것은 복음을 받는데 있어서 애당초부터 문제는 유대인이 아니라 이방인이었다는 것이다. 그리고 유대인이 이방인에게 복음을 전하게 된 데는 '사인(환상)'과 '고민'이 있었고, '비난'이 있었다는 점이다.

이제 거꾸로 생각해 보자. 베드로가 이방인에게 다가가기 어려웠던 것 이상으로 오늘날 이방 기독교인들은 이스라엘을 받아들이기 어려워하고 있지 않은가? 베드로에게 있어 문제는 '이방인'이었다. 하지만 이 시대에 우리에게 있어 문제는 '이스라엘'이다. 그리고 이스라엘을 강조하면 비난이 있다. 다른 나라를 선교한다면 괜찮다. 하지만 이스라엘을 선교한다고 하면, 왜 이스라엘이냐고 이의를 제기한다. 아니면 아예 무관심하다.

베드로가 이방인 고넬료를 찾아가게 된 것은 하나님의 사인, 즉 '음식환상'에서 시작되었다. 결코 베드로가 먼저 시작한 것이 아니라 하나님께서 움직이신 것이다. 마찬가지로 하나님께서는 오늘날 우리 이방 기독교인들이 이스라엘을 보도록 먼저 세 가지 사인을 주셨다. 첫 번째는 1800년대부터 진행된 알리야(이민)이다. 전 세계로 흩어졌던 유대인들이 그 땅으로 돌아오는 사건이다. 두 번째는 1948년 이스라엘의 독립이다. 지구상에서 없어졌던 나라가 기적같이 세워진 것이다. 세 번째는 1967년 동예루살렘의 회복으로 예수님을 메시야로 영접하는 유대인들이 늘어나고 있다는 사실이다. 얼마나 예수님을 거부했던 민족인가?

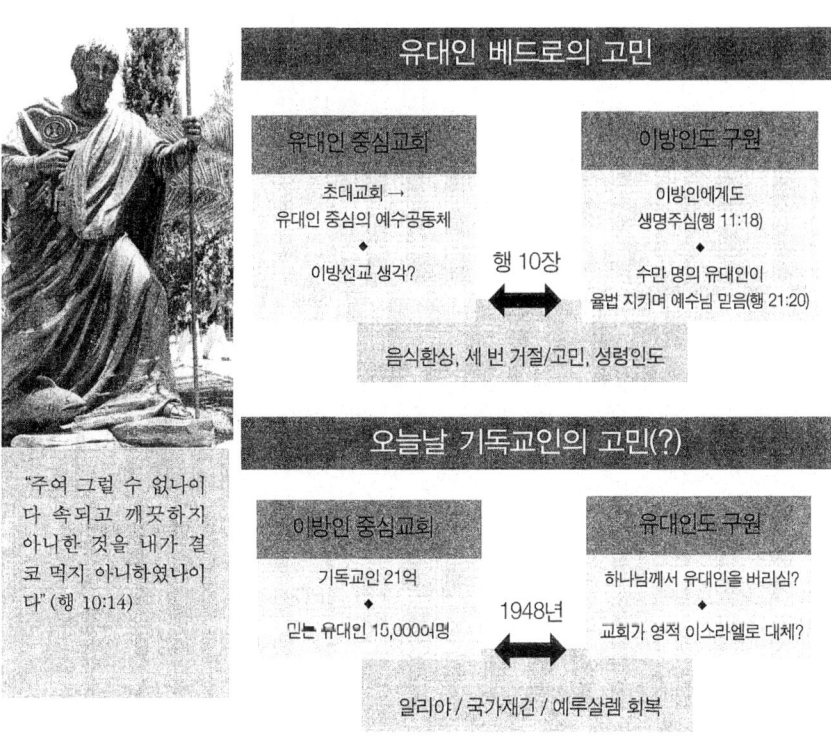

이러한 하나님의 사인을 보고 베드로처럼 고민하는가? 아니면 그냥 지나치는가? 다행히 이스라엘을 향한 이러한 하나님의 사인을 보고 이스라엘에 눈을 뜨는 이방 기독교인들이 늘어나고 있다. 성령님께서 가르쳐 주고 계시는 것이다. 그러나 소수이다. 아울러 이방인 고넬료에게 복음을 전한 베드로를 동료 유대인들이 비난했듯이, 오늘날도 마찬가지로 이제 교회가 '새 이스라엘'인데 다 끝난 중동 땅의 이스라엘을 영적으로 보고 선교한다며 비난하고 있다.

영국의 저널리스트인 윌리엄 유어(William Ewer)는 다음과 같은 유명한 이행시를 썼다.

> 하나님께서 유대인들을 택하시다니
> 이 얼마나 이상한 일인가?

그러자 어떤 사람이 이 시에 이렇게 답했다고 한다.

> 하지만 이런 사람들은 훨씬 더 이상하다네
> 유대인의 하나님을 택해놓고서 유대인들을 미워하는 사람들!

베드로가 그랬듯이 차근차근 설명하면 '하나님께서 이스라엘을 포기하지 않으셨구나' 하고 고백하는 이방 기독교인들과 교회가 늘어날 것이며, 마침내는 '하나님께 영광을 돌려 이르되 그러면 하나님께서 이스라엘 백성에게도 다시 생명 얻는 회개를 주셨도다' (행 11:18)라고 찬양하는 날이 속히 임할 것이다.

5장
이스라엘의 사도

나는 어떻게 예수님을 믿게 되었을까? 복음은 하늘에서 뚝 떨어진 것이 아니라, 누군가 나에게 전해주었다는 사실이다. 선교사들이 있었고, 순교자들이 있었다. 그리고 궁극적으로는 '이방인의 사도'를 자처한 유대인인 바울 사도가 있었기 때문이다. 그는 "내가 이방인의 사도인 만큼 내 직분을 영광스럽게 여긴다"(롬 11:13)고 했다.

왜 그는 이방인의 사도가 된 것을 영광스럽게 생각했을까? 그에게는 예수님을 믿지 않는 자기의 형제 곧 골육의 친척 때문에 마음에 큰 근심이 있었는데, 이방인의 사도가 된 것을 영광스럽게 생각하다니 선뜻 이해하기 어렵다.

"내가 그리스도 안에서 참말을 하고 거짓말을 아니하노라 나에게 큰 근심이 있는 것과 마음에 그치지 않는 고통이 있는 것을 내 양심이 성령 안에서 나와 더불어 증언하노니 나의 형제 곧 골육의 친척을 위하여 내 자신이 저주를 받아 그리스도에게서 끊어질지라도 원하는 바로라"(롬 9:1~3)

바울은 이러한 자신의 동족에 대한 안타까운 마음을 가슴에 간직한 채 이방인의 사도가 되기로 결정한 것이다. 그러면 바울은 이스라엘의 구원은 포기하고 우리 이방인만 구원받기를 원했던 것일까?

"내가 이방인인 너희에게 말하노라 내가 이방인의 사도인 만큼 내 직분을 영광스럽게 여기노니 이는 혹 내 골육을 아무쪼록 시기하게 하여 그들 중에서 얼마를 구원하려 함이라"(롬 11:13~14)

유대인인 바울은 우리 이방인이 예수님을 잘 믿기를 바랐고, 큰 축복을 받기를 원했다. 그래서 우리 이방인이 축복받는 것을 보고 이스라엘 백성들이 시기가 나서 그들도 예수님을 영접하기를 간절해 소망했다. 이러한 바울의 헌신으로 우리 이방인은 예수님을 믿게 되었고 많은 축복을 받게 되었다. 무엇보다 가장 큰 축복은 예수님의 십자가로 인해 구원을 받게 된 것이다.

하지만 우리 이방인들은 이러한 축복으로 이스라엘 백성들에게 예수님을 믿도록 시기 나게 하지 못했다. 오히려 십자가의 이름으로 상처를 주었다. 예수님의 십자가는 사랑과 구원이었으나, 우리 기독교인들이 이스라엘 백성들에게 보여준 십자가는 두려움이었으며, 칼이었고 죽음이었다. 십자가의 축복으로 그들을 시기 나게 한 것이 아니라 그들의 마음을 굳게 하고 닫게 한 것이다.

따라서 우리는 유대인들에게 큰 빚을 지게 되었다. 특별히 바울 사도에게 얼마나 미안한가? 이 빚을 갚기 위해 바울 사도가 '이방인의 사도'가 되었듯이 우리는 '이스라엘의 사도'가 되어야 하지 않을까? 이것은 이스라엘만 선교하자는 것이 아니다. 이스라엘을 목표로 선교하자는 것이다. 이스라엘은 복음의 출발점이고 종착점이기 때문이다. 선교에는 방향성이 있어야 한다. 중국을 선교하되 이스라엘로 전진하자는 것이며, 인도와 아프리카, 미전도종족을 선교하되 이스라엘로 계속 서진(西進)하자는 것이다.

동족의 불신앙을 생각하면 마음에 큰 근심과 그치지 않는 고통이 있다고 했던 바울의 심정으로 그들에게 다가가자. 그래서 복음의 진 빚을 갚고, 값없이 받은 은혜를 나누어 주자. 그리고 기독교인들이 그들에게 보여준 십자가는 두려움과 칼과 죽음의 상징이었으나, 그것이 아니라 십자가는 사랑과 용서와 구원, 생명임을 느낄 수 있도록 해주자. 그럴 때 그들의 마음은 부드러워 질 것이며, 십자가에 대한 상처는 치유될 것이고, 예수님을 구세주로 영접하게 될 것이다.

유대인들이 예수님을 영접하지 못하는 가장 큰 이유는 십자가의 이름으로 받은 인간적, 민족적, 역사적 상처 때문이다. 결코 예수님 때문이 아니다. 어떻게 이 상처를 치유하겠는가? 용서와 사랑이다. 우리가 먼저 손을 내밀어야 한다.

그리고 유대인들을 대하는 우리의 태도는 그들을 위해서 우리가 뭔가를 한다는 우리 '의(義)'를 내려놓는 것이 되어야 한다. 바울이 말한 '높은 마음을 품지 않고 도리어 두려워하는 마음'이다. 이것은 이스라엘을 선교한다고 해서 한 차원 높은 신앙생활을 한다는 느낌을 갖지 않는 것이다. 예수님 한 분이면 다 되는 것이고 충분하기 때문이다.

유대인들이 가지고 있는 기독교와 십자가에 대한 상처는 우리 그리스도인들에 의해 십자가의 이름으로 행해졌기 때문에 우리는 그들 앞에 떳떳하게 설 자격이 없는지도 모른다. 더욱 중요한 것은 이스라엘 백성들을 복음에 접붙이실 능력이 하나님께 있기 때문이다(롬 11:24). 그저 미안한 마음으로 다가가는 것이다. 이것이 이스라엘 사도의 태도이다.

특별히 우리나라와 이스라엘과의 사이에는 별다른 반감이 없다. 역사상 그들과 아무런 이해관계도 없었고 유대인들로 인해 이익을 얻은 것도 손해를 본 것도 없다. 그리고 우리가 그들보다는 덜하지만 오랜 세월 고난을 당한 민족이라는 공통점이 있고, 건국연도도 1948년으로 동일하다. 따라서 유대인들이 역사적이고 민족적으로 상처를 가지고 있는 유럽이나 서구인들보다는 우리나라가 이스라엘을 선교하기에 감정적으로도 적합한 면이 있다.

그리고 최초로 우리나라에 온 선교사도 귀츨라프라는 유대인이다. 그는 독일에서 태어난 폴란드계 유대인으로써 중국선교사로 헌신했으며 50여개의 섬과 나라에서 전도했다.

1832년 7월 26일, 귀츨라프 선교사는 통상개척선인 영국 동인도회사 소속 1000t급 로드 암허스트호를 타고 충남 보령시 오천면 고대도에 도착했다. 의사였던 그는 언어에도 뛰어나 이 배의 통역관을 겸했다.

귀츨라프 선교사가 한국에 온 것은 대동강 양각도에서 한국 첫 순교의 피를 흘린 토마스 선교사(1866년)보다 34년 앞선 일이고, 1885년의 언더우드와 아펜젤러 보다 53년 앞선 것이다.

귀츨라프 선교사는 고대도에 25일간 머무르며 조선 국왕에게 통상청원서를 제출했을 뿐만 아니라, 주민들에게 성경책과 전도문서를 나누어 주었다. 하지만 조선 정부가 통상을 불허하고 떠날 것을 요구하자 고대도를 떠날 수밖에 없었다.

훗날 그는 '조선서해안항해기'에서 "조선에 뿌린 하나님의 진리가 없어질 것인가? 나는 그렇게 믿지 않는다. 조선 백성을 은혜롭게 방문할 하나님의 원대한 계획이 있을 것이다. … 성서에는 하나님께서 이 보잘 것 없는 시초까지도 축복하신다고 확실하게 기록되어 있다. 나는 조선에 곧 먼동이 터 좋은 시대가 오기를 바란다."라는 내용을 기록하고 있다.

귀츨라프의 이 '조선서해안항해기'를 읽고 런던 대학에 재학 중이던 한 젊은이가 동양 선교의 비전을 품기 시작했다. 그가 바로 1866년 평양 대동강 양각도에서 27세의 젊은 나이로 목 베여 순교한 토머스 선교사였다.

그는 미국 상선 제너럴셔먼호를 타고 대동강을 거슬러 올라오다가 군인들과의 충돌로 배가 불타게 되자, 배에 있던 한문성경을 열심히 강변으로 던졌으며, 결국 체포된 토머스는 그의 목을 자르는 군관에게 마지막 성경을 건네주고 조그마한 섬 양각도에서 순교의 피를 뿌렸던 것이다. 이처럼 한국 선교는 유대인에게 그 뿌리를 두고 있다.

또한 구약성경을 최초로 한글로 번역한 사람도 알렉산더 피터스라는 유대인이다. 그는 러시아계 유대인으로 1895년 한국에 들어와 1898년에 최초의 국역 구약성경인 시편촬요를 출판했다. 그리고 1938년판 개역성경의 구약본문을 완결한 장본인이다. 무엇보다 피터스가 유대인이었기 때문에 한글 성경은 히브리어 원문에 충실하게 번역될 수 있었다.

이처럼 우리나라는 유대인과 감정적으로는 장벽이 없고, 영적으로는 많은 빚을 졌다. 따라서 이제 우리가 '이스라엘의 사도'로서 더욱 뜨겁게 그들을 향해 나가야 할 것이다.

그래서 우리를 통해 이스라엘이 영적으로 온전히 회복되어 장차 예수님께서 재림하실 때 우리 이방인과 유대인이 함께 손을 잡고 "아멘, 주 예수여 오시옵소서!"라고 찬양하며 만왕의 왕 만주의 주이신 예수님을 기쁨으로 영접하며 영광스럽게 새 예루살렘에 입성하자. 할렐루야!

6장
대체신학인가? 언약신학인가?

　'대체신학(Replacement theology)'이란 무엇일까? 무엇이 무엇을 대체했다는 말인가? AD 70년, 로마군에 의한 예루살렘의 함락으로 이스라엘 국가는 지구상에서 그 자취를 감추게 되었다. 그러자 문제가 생겼다. 성경에 그렇게도 많이 나오는 이스라엘 국가에 대한 말씀을 이제 어디에 적용시키고 해석한다는 말인가?

　이러한 고민 끝에 나온 것이 '영적 이스라엘'의 개념이다. 즉, 중동 땅의 이스라엘 국가가 세계지도상에서 사라지고 없어졌으니, 이제 교회가 영적 이스라엘로서 이스라엘 국가를 대체한다는 것이다. 이것이 '대체신학'이라는 것이다. 그래서 축복의 말씀은 교회가, 저주의 말씀은 전 세계로 유리 방랑하고 있는 이스라엘 민족이 받게 된다는 것이다.

　더구나 당시 이스라엘 백성들은 예수님을 죽인 민족으로써 저주를 받아서 나라가 망하고 전 세계로 떠돌아다닌다는 반유대주의가 확산되고 있던 상황이었으니 더욱 이치에 맞는 논리가 아닐 수 없었다. 아이러니한 것은 제2차 세계대전 당시 유대인들이 600만 대학살을 당할 때는 교회가 이스라엘 국가를 대신한 참 이스라엘이라는 주장을 하지 않았다는 점이다.

교회가 '영적 이스라엘'이라는 이러한 발상을 최초로 하게 된 사람은 오리겐(Origen, 185~254년)이라는 신학자이다. 왜 그는 이런 생각을 하게 되었을까? 오리겐은 이집트 출생이다. 당시 이집트에는 그리스 알렉산더 대왕이 세운 알렉산드리아라는 도시가 있었는데, 이곳은 상업과 학문의 중심지로써 1세기에 아주 중요한 역할을 한 도시였다. 특히 알렉산드리아는 알렉산더라는 그리스인이 세운 도시였기 때문에 자연스럽게 그리스 철학과 학문, 문학이 번성하였고, 이를 해석하는 방법은 '비유법'이 자리 잡고 있었다.

문제는 이 '비유법'이다. 그리스 철학의 해석법인 '비유법'에 익숙한 이방인들에게 기독교를 전하기 위해 도입한 성경해석 방법이 다름 아닌 '비유법'이었던 것이다. 그 대표자가 당시 비교할 만한 사람이 없을 정도로 위대한 신학자로 인정받았던 오리겐이다. 그는 성경 본문의 문자적 해석을 거부하고, 자신의 상상력을 가미한 성경의 비유적 해석법을 가르쳤다. 때로 비유적 해석이 지나쳐 이단자라고 평가받고 파문을 당하기도 했으나 그의 비유적 성경 해석방법은 널리 받아들여지게 되었다.

이런 배경 하에서 오리겐이 주장한 것이 지구상에서 사라져 버리고 없어진 이스라엘 국가의 대안으로 교회를 '새 이스라엘', '영적 이스라엘'이라는 비유적 개념으로 도입하게 된 것이다. 그래서 이스라엘 국가에 대한 심판과 저주의 구절은 문자 그대로 해석해서 중동 땅의 이스라엘 백성들에게 적용시켰고, 축복의 말씀은 영적으로 해석해서 교회에 적용시켰던 것이다. 하지만 성경 그 어디에도 '새 이스라엘', '영적 이스라엘'이라는 말은 나오지 않는다.

오리겐의 이러한 비유적 성경해석법은 교회사(敎會史)의 아버지로 불리는 유세비우스와 기독교를 로마의 국교로 승인한 콘스탄티누스 황제 등을 거쳐 오늘날 '대체신학'으로까지 이어지는 반유대주의의 아이콘으로 자리 잡게 되었다.

하지만 대체신학은 잘못된 것이다. 왜 교회가 이스라엘 국가를 대체했다고 주장했는가? 첫 번째 이유는, 유대인이 예수님을 죽인 민족이라는 이유 때문이다. 그러나 모든 유대인이 예수님을 죽이는데 가담했는가? 그렇지 않다. 오히려 '수많은 무리', '허다한 무리'들은 예수님의 병 고침과 기적을 경험하고 예수님을 따랐다. 반면 예수님을 십자가에 못 박으라고 목소리를 높인 유대인 무리들은 정치, 종교지도자들에 의해 선동된 일부 유대인들이었다. 결코 모든 유대인이 아니었다.

무엇보다 빌라도와 로마 병정을 비롯한 이방인들이 예수님을 죽이는데 주도적인 역할을 했으며, 특히 십자가형은 로마의 형벌제도였다. 그리고 궁극적으로는 우리 죄 때문에 예수님께서 십자가에 못 박히시지 않았는가?

두 번째 이유는, 이스라엘 국가가 지구상에서 사라졌기 때문이다. 이스라엘은 AD 70년부터 1948년 독립할 때까지 무려 1,878년간 이 땅에 존재하지 않았다. 그러니 성경에서 약속된 이스라엘 국가를 향한 축복의 말씀을 받을 대안이 필요했는데 그것이 '영적 이스라엘'로 등장하게 된 교회이다. 물론 교회는 영적 이스라엘로서 이스라엘 국가에 약속된 축복을 받게 되었다. 하지만 중요한 것은 하나님께서 이스라엘 국가를 완전히 포기하시고 교회가 그 자리를 대체하도록 하신 것이 아니라, 이스라엘 국가에 교회가 접붙여지는 방식으로 축복을 받게 하신 점이다. 따라서 교회는 이스라엘 국가를 대체한 것이 아니라, 아브라함과 이삭과 야곱에게 약속된 언약의 뿌리의 진액을 먹고 자란 열매인 것이다(롬 11:17).

세 번째 이유는, 오리겐의 비유적 성경 해석법이다. 그는 그리스 철학의 비유적 해석법을 성경해석에 도입하여 교회가 이스라엘을 대체했다는 것을 최초로 주장했다. 하지만 성경에 나오는 이스라엘 백성을 향한 하나님의 그 말씀들을 어떻게 다 비유적으로만 볼 수 있다는 말인가? 하나님께서 창세기 등에서 약속하신 이스라엘 백성을 향한 언약의 약속들, 예를 들면 민족적 축복, 땅의 축복 등도 다 영적으로만 해석할 수 있는가?

오리겐의 성경 해석에 동의할 수 없는 두 가지가 있다. 하나는 문자적으로 해석해야 할 이스라엘 국가를 비유적으로 해석하여 교회로 대치시킨 것이고, 또 하나는 영적으로 해석해야 할, 마태복음 19장 12절("어머니의 태로부터 된 고자도 있고 사람이 만든 고자도 있고 천국을 위하여 스스로 된 고자도 있도다 이 말을 받을 만한 자는 받을지어다")을 문자적으로 해석하여 스스로 거세(去勢)한 것이다.

많은 신학자들과 교회 지도자들은 이스라엘이 예수님을 죽인 민족이라고, 이스라엘 국가가 지구상에서 사라졌다고, 오리겐의 비유적 해석방법 등의 추종으로 대체신학을 주장해 오고 있다.

그러나 대체신학은 이제 그 막을 내려야 한다. 왜냐하면 유대인들만이 예수님을 죽였다고 목소리를 높일 만큼 우리는 의로운가?

예수님은 우리 죄 때문에 십자가에 못 박히시지 않았는가? 그리고 이스라엘이 지구상에 없던 사이에 하나님도 다른 하나님으로, 성경도 다른 성경으로 대체되었는가? 결코 그렇지 않다. 인간의 해석이 달라졌을 뿐이다. 이스라엘이 이 땅에 존재하지 않던 AD 70년에서 1948년 사이에는 설령 대체신학을 주장했다 하더라도 이제 이스라엘 국가가 다시 세워진 만큼 대체 신학을 내려놓아야 한다.

대체신학이 아니라, 언약신학이다

이제 우리가 내세워야할 신학은 교회가 이스라엘을 대신했다는 '대체신학'이 아니라, 하나님께서 이스라엘 백성들에게 약속하신 언약이 반드시 성취될 것이라는 '언약신학(Covenant Theology)'이다.

하나님께서는 창세기 12장 1~3절에서 이스라엘의 조상인 아브라함을 부르시며 다음과 같이 약속을 하신다. "여호와께서 아브람에게 이르시되 너는 너의 고향과 친척과 아버지의 집을 떠나 내가 네게 보여 줄 땅으로 가라, 내가 너로 큰 민족을 이루고(민족축복) 네게 복을 주어 네 이름을 창대하게 하리니 너는 복이 될지라(개인축복), 너를 축복하는 자에게는 내가 복을 내리고 너를 저주하는 자에게는 내가 저주하리니 땅의 모든 족속이 너로 말미암아 복을 얻을 것이라(세계축복) 하신지라"

이 말씀에는 3가지의 축복의 말씀이 약속되어 있다. 그것은 아브라함 개인의 축복, 이스라엘의 민족적 축복, 그리고 이스라엘이 축복의 통로가 되어 전 세계가 축복을 받을 것이라는 말씀이다. 이 언약의 말씀은 창세기 12장 4절 이후 계속 성취되어 나가며, 우리가 잘 알고 있는 예수님의 세계선교 명령(마 28:19)도 아브라함에게 약속된 이 말씀에 기인하고 있는 것이다.

창세기 12장 1~3절의 말씀은 하나님의 '무조건적인 은혜언약'이다. 즉, 아브라함이 율법을 지켜야 한다든지 등의 조건이 있는 언약이 아니라, 하나님의 일방적인 주권으로 약속하시는 은혜언약인 것이다.

이러한 하나님의 언약이 얼마나 확실한지는 창세기 15장을 보면 잘 알 수 있다. 창세기 15장 2~7절에서 하나님께서는 아브라함에게 아들을 약속하시고, 자손이 뭇별과 같이 많을 것이며, 땅을 차지할 것임을 말씀하신다.

그러자 이 어마어마한 축복을 감히 믿을 수 없는 아브라함은 하나님께 이렇게 질문한다. 하나님 제가 이런 큰 축복받을 것을 도대체 어떻게 믿을 수 있다는 말입니까? 그러자 하나님께서는 아브라함에게 암소와 염소와 숫양을 등을 가져오게 해서 그 중간을 쪼개도록 말씀하신다. 그러고는 하나님으로 상징되는 횃불이 쪼갠 고기 사이로 지나간다(창 15:17).

이것이 무슨 뜻인가? 당시 사회에서는 두 사람이 약속을 할 때는 동물을 쪼개고 그 사이로 약속을 맺는 당사자가 지나갔다. 그 의미는 약속을 어기면 약속을 하는 두 당사자도 이 동물처럼 쪼개어져 죽게 된다는 것을 상징하는 것이다. 이런 점에서 언약을 맺는 것은 맹세한 두 사람이 쪼개진 두 동물과 동일시되는 것으로서 죽음을 두고 하는 서약이었다.

그런데 하나님께서 아브라함과 맺은 언약은 어찌 보면 불공평한 언약이다. 왜냐하면 약속의 당사자인 하나님과 아브라함이 함께 쪼개진 짐승 사이로 걷지 않고, 오직 하나님만이 걸으셨기 때문이다. 이것은 전적으로 하나님께서 모든 책임을 지시겠다는 일방적인 은혜의 약속이며, 만약 약속을 어기면 이 동물처럼 내가 모든 저주를 받겠다며 하나님 자신에게 스스로 의무를 부과하신 결코 타협할 수 없는 절대적으로 확실한 약속이다. 어찌 하나님의 이 언약이 취소될 수 있고 대체될 수 있다는 말인가?

하나님께서는 이스라엘 백성들과 맺은 언약이 '영원한 언약' 임을 말씀하고 계신다. "그는 그의 언약 곧 천 대에 걸쳐 명령하신 말씀을 영원히 기억하셨으니 이것은 아브라함과 맺은 언약이고 이삭에게 하신 맹세이며 야곱에게 세우신 율례 곧 이스라엘에게 하신 영원한 언약이라 이르시기를 내가 가나안 땅을 네게 주어 너희에게 할당된 소유가 되게 하리라 하셨도다"(시 105:8~11). 그리고 레위기 26장 44~55절, 신명기 4장 27, 30~31절 말씀 등에서도 이스라엘 백성들과 맺은 언약을 기억하고 잊지 않을 것이라는 말씀을 반복하신다.

창세기 17장 4~8절과 22장 15~18절에 나오는 아브라함 언약, 이삭언약(창 26:3~5), 야곱언약(창 28:10~15) 그리고 다윗언약(삼하 7:12~16)도 이러한 하나님의 무조건적인 은혜언약이다.

이러한 무조건적 언약의 결론은 무엇인가? 예수님이다. 창세기

12장 3절에서 아브라함에게 말씀하신 "땅의 모든 족속이 너로 말미암아 복을 얻을 것이라"와 창세기 22장 18절과 창세기 26장 4절에서 이삭과 야곱에게 말씀하신 "네 씨로 말미암아 천하 만민이 복을 받으리니"와 사무엘하 7장 12~13절에서 다윗에게 말씀하신 "네 몸에서 날 네 씨를 네 뒤에 세워 그의 나라를 견고하게 하리라, 그는 내 이름을 위하여 집을 건축할 것이요 나는 그의 왕위를 영원히 견고하게 하리라"는 하나님의 은혜언약의 "씨"의 열매가 신약에 가서 예수님을 통해서 맺어지는 것이다.

그래서 누가복음 1장에서 사가랴는 예수님의 오심을 예언하면서 다음과 같이 찬양한다. "찬송하리로다 주 이스라엘의 하나님이여"(68절), "우리 조상을 긍휼히 여기시며 그 거룩한 언약을 기억하셨으니 곧 우리 조상 아브라함에게 하신 맹세라"(72절). '그 거룩한 언약을 기억하셨으니…' 오랜 세월 전 아브람과 이삭과 야곱, 다윗을 통해 맺으셨던 언약이 여기서 성취되고 있는 것이다. 언약을 지키시는 하나님의 신실하심을 찬양하지 않을 수 없다.

우리가 언약신학을 이해하는데 있어서 한 가지 알아야 할 것이 있다. 그것은 언약신학에는 두 가지의 종류가 있다는 점이다. 그 한 가지는 지금까지 살펴본 바와 같이 하나님께서 아브라함과 맺으신 언약과 같은 '무조건적인 은혜언약'이고, 또 한 가지는 '조건적인 율법언약'이다.

조건적인 율법언약은 출애굽기 19장 5~6절에 나오는 시내산 언약이 대표적이다. "세계가 다 내게 속하였나니 너희가 내 말을 잘 듣고 내 언약을 지키면 너희는 모든 민족 중에서 내 소유가 되겠고 너희가 내게 대하여 제사장 나라가 되며 거룩한 백성이 되리라" 그러자 "백성이 일제히 응답하여 이르되 여호와께서 명령하신 대로 우리가 다 행하리이다"(8절)고 응답한다.

아무런 조건이 없었던 아브라함 언약과는 달리 여기 시내산 언약에는 조건이 나온다. 이스라엘 백성들이 하나님의 말씀을 잘 듣고 언약을 지킬 경우 그들이 제사장 나라, 거룩한 백성이 된다는 것이다. 하지만 이스라엘 백성들은 하나님의 말을 잘 듣지도 언약을 지키지도 못했다.

이 조건적인 율법언약은 어떤 사람이나 국가도 그 행위로는 의롭다 함을 받지 못할 뿐만 아니라 제사장 나라, 거룩한 백성이 될 수 없음을 보여준다. 그래서 이스라엘은 국가적인 심판을 받고 바벨론 포로로 잡혀가는 것으로부터 시작해서 1948년 독립할 때까지 무려 1900년의 세월 동안 심판을 받은 것이다.

그러나 이제 그 노역의 때는 끝이 났고 벌도 배나 받았다. "너희는 예루살렘의 마음에 닿도록 말하며 그것에게 외치라 그 노역의 때가 끝났고 그 죄악이 사함을 받았느니라 그의 모든 죄로 말미암아 여호와의 손에서 벌을 배나 받았느니라 할지니라"(사 40:2)

문제는 시내산 언약 자체에 결점이 있는 것이 아니라, 그것을 지키지 못한 백성들에게 있다. 율법자체가 문제가 아니라 율법을 지키지 못하는 내가 문제인 것이다. 하지만 우리는 능력이 없어서 율법을 지키지 못하지만, 예수님은 완전히 다 지키셨다. 따라서 우리는 예수님을 믿음으로써 율법의 짐에서 벗어날 수 있게 되었다. 이는 하나님께서 스스로 예수님 안에서 시내산 언약을 갱신해 주심으로써 율법을 폐하신 것이 아니라 완전하게 해주셨고, 우리의 구원 또한 행위가 아닌 믿음으로 가능하도록 은혜를 베풀어 주신 것이다.

따라서 시내산 언약은 우리가 율법의 조건을 지킬 수 없다는 것을 보여줌으로써 예수님에게로 인도해 주는 초등교사와 같은 역할을 한다("율법이 우리를 그리스도께로 인도하는 초등교사가 되어 우리로 하여금 믿음으로 말미암아 의롭다 함을 얻게 하려 함이라"〈갈 3:24〉).

그러면 출애굽기 19장 5~6절에서 약속된 이스라엘 국가의 '제사장 나라, 거룩한 백성'의 성취는 어떻게 되는 것일까? 그것은 불완전한 인간의 행위가 아니라, 시내산 언약에 조건으로 명시된 '내 말을 잘 듣고 내 언약을 지키면'을 100% 충족하신 예수님을 믿음으로써만 가능하다.

희망적인 것은 예수님을 믿는 유대인이 증가하고 있다는 사실이다. 1967년에 동예루살렘이 이스라엘 영토로 회복된 이후 예수님을 믿는 유대인들이 차츰 늘어나고 있다. 1967년 당시에는 약 150명의 유대인들이 예수님을 믿었는데 현재는 약 120개의 교회에서 15,000여 명의 메시야닉쥬(예수님을 믿는 유대인을 가리키는 말)가 있는 것으로 추산되고 있다. 40여년 만에 100배의 성장을 한 것이다.

동일한 방법으로 언약밖에 있던 우리 이방인들도 예수님을 믿음으로써 이스라엘 백성들과 같이 하나님의 택하신 족속이요 왕 같은 제사장들이요 거룩한 나라요 그의 소유가 된 백성이 된 것이다(벧전 2:9). 이스라엘을 쫓아내고 하나님의 백성이 된 것이 아니라, 이스라엘 백성들과 '함께' 된 것이다. "이는 이방인들이 복음으로 말미암아 그리스도 예수 안에서 함께 상속자가 되고 함께 지체가 되고 함께 약속에 참여하는 자가 됨이라"(엡 3:6)

하나님께서 이스라엘을 포기하셨다면, 우리의 선택과 구원도 포기되어 질 수 있다. 만일 그렇다면 우리의 구원이 얼마나 불안하며, 하나님은 얼마나 변덕스러운 하나님이신가? 불안해서 어떻게 하나님을 믿겠는가?

사람들은 이스라엘에 대한 하나님의 징계가 영원할 것이라고 생각했다. 하지만 결과적으로 영원한 것은 징계가 아니라 그들을 향한 하나님의 선택이다. 하나님은 잠시 회초리는 드실지언정 결코 자기 백성을 포기하는 분이 아니시다. 언약을 어떻게 맺으신 분이신데 감히 포기하신다는 말인가?

대체신학을 주장한다면, 그것은 이스라엘을 공격하는 것일 뿐만 아니라 변치 않으시고 신실하신 하나님의 성품을 공격하는 것이 된다. 그리고 더 중요한 것은 교회라고 다른 것으로 대체되지 않는다는 보장이 있는가?

결론적으로 대체신학을 주장하는 것은 교회도 다른 무엇인가에 의해 대체될 수 있다는 것을 스스로 주장하는 것에 불과하다. 반면 언약신학은 이스라엘도, 교회도 영원하다는 것을 보여준다.

7장
나도 이스라엘

　하나님께서 이스라엘 백성을 만드신 이유는 '제사장 나라, 거룩한 백성' (출 19:6)이 되게 하기 위함이었다. 하지만 이스라엘은 불순종하고, 우상을 숭배하며 하나님의 뜻에 온전한 순종을 하지 못한다. 그래서 바벨론 포로로 잡혀 가는 것으로부터 시작해서 끊임없이 이방의 지배를 받게 된다. 선택이 축복인 줄 알았더니 고난의 연속이 되고 말았다. 세계 그 어느 민족이 이스라엘처럼 2000년이 넘는 세월 동안 전 세계로 떠돌아다니고, 지도상에서 나라가 없어지고, 600만 학살을 당했는가? 그 어떤 나라도 없다.

　그러자 세상 많은 나라들과 백성들은 이스라엘을 비난했다. 이스라엘이 하나님에게서 벌을 받아 버림받고, 예수님을 거부하고 십자가에 못 받아 죽인 민족이기 때문에 저주 받아 마땅하다고 목소리를 높였다. 이러한 반유대주의는 교회사의 영적 지도자들뿐만 아니라, 세상 영화나 문학작품 등에서도 극심하게 나타났다.

　바보 같은 이스라엘, 끝난 이스라엘, 저주받아야할 이스라엘, 회생 불가능한 이스라엘, 지구상에서 멸절되어야 할 이스라엘, 하나님이 포기한 이스라엘! 이러한 것들이 이스라엘에 대한 사람들의 인식이었다.

〈수령이 2000년을 넘어 예수님 당시에 있었던 것으로 알려지고 있는 겟세마네 동산의 올리브나무(감람나무)〉

하나님은 어떠하셨을까? 진노하셨다. 그러나 문제는 인간의 편견이 하나님의 진노보다 더 컸다는 점이다. "내게 말하는 천사가 내게 이르되 너는 외쳐 이르기를 만군의 여호와의 말씀에 내가 예루살렘을 위하며 시온을 위하여 크게 질투하며 안일한 여러 나라들 때문에 심히 진노하나니 나는 조금 노하였거늘 그들은 힘을 내어 고난을 더하였음이라"(슥 1:14~15)

"나는 조금 노하였거늘 그들은 힘을 내어 고난을 더하였음이라". 하나님은 속 썩이는 이스라엘을 향해 진노하셨다. 그래서 하나님은 작은 회초리를 드셨다. 그러나 우리는 야구 방망이보다 큰 몽둥이를 들고 우리의 분이 풀릴 때까지 저주해 버렸다. 마치 어떤 엄마가 우는 아이를 달래기 위해 지나가는 사람에게 이 놈! 한 번 해달라

199

고 했더니, 뺨을 때리고 사정없이 패버린 것과 같은 격 아닌가?

지독히도 말 안 듣는 이스라엘! 이 이스라엘이 누구인가? 나다. 다름 아닌 바로 나 자신이 내가 그렇게 분을 낸 이스라엘 아닌가! 하나님께서는 이스라엘 백성들에게만 주셨던 '제사장 나라, 거룩한 백성'의 지위를 그대로 우리 이방인에게도, 나에게도 동일하게 주셨다. "너희는 택하신 족속이요 왕 같은 제사장들이요 거룩한 나라요 그의 소유가 된 백성이다"(벧전 2:9)

이처럼 하나님께서 나를 이스라엘의 지위로 만들어 주신 것은 중동 땅의 이스라엘의 지위를 박탈하고 나에게만 주신 것이 아니라, 이스라엘에 접붙이는 방식으로 나에게도 주신 것이다(롬 11:17). 즉, 나는 참감람나무의 뿌리의 진액을 함께 받는 접붙여진 돌감람나무인 것이다. 그러나 내게는 참감람나무의 존재에 대해 무관심하거나 인정하지 않기를 원하는 경향이 있지 않은가?

나도 이스라엘이다. 첫 번째 이유는 이스라엘과 똑같이 '제사장 나라, 거룩한 백성'의 지위를 하나님께서 나에게도 동일하게 접붙여 주셨기 때문이다. 예수님은 원래 "이스라엘의 잃어버린 양 외에는 다른 곳으로 보내심을 받지 않았고 이방인은 주인의 상아래 있는 개와 같은 존재였다"(마 15:26~27). 그러나 예수님의 십자가 보혈로 나도 하나님의 자녀가 되었을 뿐만 아니라 제사장 나라, 거룩한 백성(벧전 2:9)이 되었다.

나도 이스라엘이다. 두 번째 이유는 나 또한 이스라엘과 똑같은 '제사장 나라, 거룩한 백성'으로서의 지위를 받았지만, 이스라엘과 별반 다를 바 없이 불순종하고 제 갈 길로 갔기 때문이다. 나는 이스라엘보다 덜 불순종했다고 내세울만한 것이 아무것도 없고, 그들은 끝났다고 말할 수 있을 만큼 결코 의롭고 순종적이지 못하다. 불순종만 했는가? 예수님도 죽였다. 내 죄가 얼마나 검고 크고 중한지….

나도 이스라엘이다. 세 번째 이유는 이스라엘과 같이 하나님의 넘치는 은혜를 받았기 때문이다. 이스라엘이 그렇게 오만하고 불순종했지만 하나님은 이스라엘을 버리지 않으시고 나라를 다시 회복할 수 있도록 해주셨고, 영적으로도 회복시켜 주고 계신다. 사실 나는 하나님이 포기했어도 항변할 말이 없는 사람이다. 그러나 하나님은 나를 포기하지 않으시고 이스라엘을 회복시키시듯이 회복시키신다. 전적인 하나님의 은혜요 사랑이다.

또 한 가지 나도 이스라엘인 것은, 나도 그들처럼 고난과 회복을 경험한 점에서 그렇다. 이스라엘과 마찬가지로 고난의 원인은 항상 나에게 있다. 나 스스로 하나님을 멀리하고 고난을 자초했기 때문이다. 하지만 하나님은 늘 회복시키시는 분이시고 새롭게 하시는 분이시다. 2000년간 지구상에 없던 이스라엘을 그 누가, 그 어떤 세상 권력이 회복시킬 수 있겠는가? 오직 천지를 창조하신 하나님뿐이시다. 그 누가? 그 무엇이 나를 깊은 절망의 수렁에서 건져낼 수 있었겠는가? 오직 하나님이시다.

그런 면에서 이스라엘은 나의 자화상과 같다. 선택받은 그들을 보면 선택받은 내가 보이고, 불순송한 그들을 보면 탕자보다 더 멀리 도망갔던 내가 보인다. 그리고 하나님의 은혜와 사랑을 받은 그들을 보면 나에게도 동일하게 임하시는 하나님의 그 크신 사랑을 찬양하게 되고, 그들의 고난과 회복을 보면 내 고난도 반드시 끝이 있고 결론은 축복이 될 것이라는 소망을 갖게 되기 때문이다.

"일어나라 빛을 발하라 이는 네 빛이 이르렀고 여호와의 영광이 네 위에 임하였음이니라 보라 어둠이 땅을 덮을 것이며 캄캄함이 만민을 가리려니와 오직 여호와께서 네 위에 임하실 것이며 그의 영광이 네 위에 나타나리니 나라들은 네 빛으로, 왕들은 네 광명으로 나아오리라"(사 60:1~3)

하나님의 말씀대로 이스라엘은 온전하게 회복될 것이며 여호와의 영광이 그 땅위에 충만하게 임할 것이다. 그 이스라엘을 바라보며 늘 나 자신만을 가리키며 불렀던 축복송을 원뿌리이자 나의 자화상인 이스라엘을 축복하며 찬양한다.

"너는 택한 족속이요 왕같은 제사장이며 거룩한 나라 하나님에 소유된 백성 너의 영혼 우리 볼 때 얼마나 사랑스러운지 너의 영혼 통해 큰 영광 받으실 하나님을 찬양 오~할렐루야"

주요 참고 도서

1. 국내서적
김경래, 유대인 예수, 대전:대장간, 1991
김종철, 이스라엘(평화가 사라져 버린 5000년 성서의 나라), 서울:리수, 2006
김진우, 이스라엘? 이스라엘!, 서울:대한기독교서회, 2003
김창영, 바이블 문화코드, 서울:생명의말씀사, 2006
김흔중, 성서의 역사와 지리, 서울:엘멘, 2003
류모세, 열린다 성경, 서울:두란노서원, 2009
박준서, 박준서 교수가 본 포연속의 성지, 서울 : 국민일보 기사, 2002
송만석, 지금은 예루살렘 시대, 서울:두란노, 1999
이광복, 무화과 나무로 본 재림 징조, 경기:흔돌, 1999
이애실, 어? 성경이 읽어지네, 서울:두란노서원, 2003
최갑종, 로마서 듣기, 서울:대서, 2009
하용조, 로마서 강해설교 제1권(1~15장) 로마서의 축복, 서울:두란노서원, 1998
하용조, 로마서 강해설교 제2권(9~16장) 로마서의 비전, 서울:두란노서원, 1998

2. 번역서적
돈 핀토(유지연 옮김), 당신의 백성이 나의 백성이 되고, 서울: 횟셔북스/인싸이트 하우스, 2007
로버트 D. 하이들러(진현우 옮김), 메시아닉 교회, 경기:WLI Korea, 2008
로버트 카이사르(나채운 옮김), 요한복음서 연구, 서울:성지출판사, 1996
레온 우드(김의원 역), 이스라엘의 역사, 서울:기독교문서선교회, 1999
르네빠슈(전준식 옮김), 그리스도의 재림, 서울:기독교문사, 1998
리차드 부커(살렘 출판부 옮김), 어찌하여 십자가가 칼이 되었는가?, 서울:살렘, 1998
마이클 호튼(백금산 옮김), 언약신학, 서울:부흥과개혁사, 2009
마이클 L. 브라운(김영우 옮김), 유대민족의 비극적 역사와 교회, 서울:종합선교 한사랑, 1994
마크데버 외 6인(이심주 옮김), 십자가를 설교하라, 서울:부흥과 개혁사, 2009
마틴 길버트(최명덕 옮김), 지도로 보는 이스라엘 역사, 서울:하늘기획, 1997
미카엘 아비요나, 요하난 아하로니(문창수 옮김), 아가페 성서지도, 서울:아가페출판사, 1988
요세푸스(김지찬 옮김), 유대전쟁사III(예루살렘 함락사), 서울:생명의 말씀사, 1999
존 브라이트(엄성옥 옮김), 이스라엘의 역사, 서울:은성, 2002
존 스토트(정옥배 옮김), 로마서 강해, 서울:한국기독학생회출판부, 1996
제임스 던(김철 옮김), 로마서(WBC 성경주석), 서울:솔로몬, 2003
키이스 인트레이트(KIBI 옮김), 그날이 속히 오리라, 서울:두란노서원, 2004
키이스 인트레이트(고병현 역), 그 땅에 대해서 하나님은 진정 무엇이라고 하는가?, 서울:고려문화사, 2007

칼 바르트(조남홍 역), 로마서 강해, 서울:한들출판사, 1997
캠벨몰간(번역실 역), 로마서 분해연구, 서울:목회자료사, 1991
토마스 V. 브리스코(강사문 외 옮김), 두란노 성서지도, 서울:두란노서원, 2008
토마스 넬슨 출판사(김창환 옮김), 손에 잡히는 넬슨성경개관, 서울:죠이선교회, 2003
팔머 로벗슨(오광만 옮김), 하나님의 이스라엘, 서울:기독교문서선교회, 2003
팔머 로벗슨(김의원 옮김), 계약신학과 그리스도, 서울:기독교문서선교회, 1999
후스트 L. 곤잘레스(서영일 역), 초대교회사, 서울:은성, 1987
후스트 L. 곤잘레스(서영일 역), 중세교회사, 서울:은성, 1995
후스트 L. 곤잘레스(서영일 역), 종교개혁사, 서울:은성, 1987
D. M. 로이드존스(서문 강 역), 로마서 강해 제9권 하나님의 절대주권, 서울:기독교문서선교회, 1995
D. M. 로이드존스(서문 강 역), 로마서 강해 제10권 이신칭의, 서울:기독교문서선교회, 1995
D. M. 로이드존스(서문 강 역), 로마서 강해 제11권 하나님의 영광을 위해, 서울:기독교문서선교회, 1995
D. M. 로이드존스(장광수 역), 교회와 종말에 일어날 일, 서울:기독교문서선교회, 2000
Goran Larsson(배현주 옮김), 기독교와 유대교의 대화, 서울:연합선교회, 1990
W. 바클레이(정혁조 옮김), 로마서 주석, 서울:기독교문사, 1973

꼭 알아야 할 하나님의 구원 역사
이스라엘 고난과 회복

초판 1쇄 발행	2009. 12. 20.
초판 3쇄 발행	2016. 8. 30.
지은이	오화평
펴낸이	방주석
펴낸곳	베드로서원
주소	(우)10252 경기도 고양시 일산동구 고봉로 776-92(설문동)
전화	031) 976-8970
팩스	031) 976-8971
이메일	peterhouse@daum.net
출판등록	2010년 1월 18일(제59호) / 창립일(1988년 6월 3일)
ISBN	978-89-7419-276-1 03810
책값	뒤표지에 있습니다.

ⓒ 이 출판물은 저작권법에 의해 보호를 받는 저작물이므로
무단 전재와 복제를 할 수 없습니다.

베드로서원은 말씀과 성령 안에서 기도로 시작하며
영혼이 풍요로워지는 책을 만드는 데 힘쓰고 있으며,
문서선교 사역의 현장에서 세계화의 비전을 넓혀가겠습니다.

나의 힘이신 여호와여 내가 주를 사랑하나이다(시18:1)